移动电商创业手册

商业模式+创新思维+实战方法

范济麟◎著

人民邮电出版社
北京

图书在版编目（CIP）数据

移动电商创业手册 ：商业模式+创新思维+实战方法 / 范济麟著. -- 北京 ：人民邮电出版社，2016.10
ISBN 978-7-115-43563-7

Ⅰ. ①移… Ⅱ. ①范… Ⅲ. ①电子商务－手册 Ⅳ. ①F713.36-62

中国版本图书馆CIP数据核字(2016)第220670号

内 容 提 要

如今的时代，是移动互联网的时代！微店、移动淘宝、APP、移动广告蓬勃发展，无线产业中蕴藏着巨大的商机和财富，如果你错过了这个千载难逢的机会，就等于失去了大好的创业良机！

本书从移动电商创业的角度出发，共分为10部分，内容包括移动端下的创业潮、移动电商商业模式、运营方案、创新思维及实战策略等。

本书内容全面，强调实战，并配有丰富而具体的案例，可以使读者对移动电商创业有一个全面的了解。与同类书相比，本书语言通俗易懂，实操性强，以图文结合的方式，提供了简单实用的操作办法，是移动电商创业者和移动电商从业者必不可少的基础读本和实用指南。

◆ 著　　　范济麟
　责任编辑　李士振
　责任印制　周昇亮
◆ 人民邮电出版社出版发行　　北京市丰台区成寿寺路11号
　邮编　100164　　电子邮件　315@ptpress.com.cn
　网址　http://www.ptpress.com.cn
　北京鑫丰华彩印有限公司印刷
◆ 开本：720×960　1/16
　印张：18　　　　2016年10月第1版
　字数：388千字　　2016年10月北京第1次印刷

定价：49.80元

读者服务热线：(010)81055296　印装质量热线：(010)81055316
反盗版热线：(010)81055315
广告经营许可证：京东工商广字第8052号

序

移动电商全面爆发：
创业时代已经来临

随着移动端软硬件技术的不断发展，以及移动网络的不断成熟，以移动端为依托的移动电子商务变得越发火热起来，滴滴打车、美团、移动淘宝、移动支付……无数移动端产品开始进入大众的视野，并与人们的生活结合得越发紧密。例如，我们已经习惯了出门使用打车软件，看电影使用手机预订电影票，团购美食等。

那么，移动互联网到底蕴含了多大的价值呢？据有效数据统计，中国移动端市场的规模在2013年时达到了1059.8亿元，2014年接近2000亿元，几乎翻了一倍，而到2017年的时候，预计为6000亿元左右。这些数据无不表明一个事实，那就是移动互联网是一个利益巨大、潜力无限的市场，其中蕴藏着巨大的商机。

而在如此庞大的市场中，当然少不了互联网巨头们的身影，它们利用其在PC端的流量、资源等优势，抢占移动端市场，目的是实现PC端向移动端的转型。例如，腾讯的微信，阿里巴巴的移动淘宝，京东的移动京东等。这些传统互联网巨头在移动端的全新布局，不但促进了它们自身的转型发展，而且对我们的社会生活产生了很大的影响，使我们的生活及工作方式产生了极大的变化。

但是，这种情况并不说明移动市场只是巨头们的舞台，在这个一切皆有可能的移动互联网时代，市场同样给个人或团体创业者留下了很多机会。例如，微商、移动淘宝商等不同形式的移动电商，就较适合经营灵活、实力有限的个人或团体。而当个体经营者在某一细分领域实现突破之后，往往又会取得新的、更大范围内的发展。这种时刻存在的变化性，正是移动电子商务的魅力所在！

本书为所有有志于移动电商创业的人提供创业发展之路。本书从最基本的移动电商知识谈起，具体讲述移动时代创业的专业理论与实战方法，内容全面、翔实，不谈空话，只提供拿来即用、用了即有效的实战指导，能让每一个移动电商创业者少走弯路，在实际应用中看到切实效果。

本书理论与实战相结合，从各方面详细地介绍了移动电商的创业知识，内容包括移动端下的创业潮、移动电商四大创业模式、移动电商创业的实战运营模式、移动电商创业的思维创新模式、移动电商创业的实战案例分析、移动电商创业的优化整合方案以及对移动电商创业的未来发展预测十大方面。其目的就在于帮助移动电商创业者认清移动端市场的发展形势，指导其根据形势改进方法，从而取得创业上的成功。

新的一年将是移动互联网爆发的一年，移动端的网购行为越发普遍，其中的社群化属性越发明显。我们若想成功顺应这一形势，取得跨越式的发展，就要掌握更全面的知识和更有效的方法，以求在变幻莫测的移动端市场中取得优势地位。最后，祝每一位有志于移动电商创业或正在创业的人，都能够心想事成，完成自己的创业梦想！

目录

contents

Part1 新格局 | 移动端带来的创业潮

Part2 创业模式一 | 移动电商创业之 B2B 模式

Part4 创业模式三 | 移动电商创业之 C2C 模式

Part5 创业模式四 | 移动电商创业之 O2O 模式

Part6 创业实战 | 移动电商创业之运营模式

Part7 创业思维 | 移动电商创业之创新模式

Part8 创业实例 | 移动电商创业之盈利模式

Part9 优化整合 | 移动电商创业期的强强联手

Part10 远景眺望｜移动电商创业的未来

Part1

新格局

移动端带来的创业潮

1.1 移动电商的商业概念

开篇明义，我们来谈谈移动电商。

移动电商这个词由电商衍生而来，但我们却不能把它简单地归类于移动端的电商。为什么这样说？这就要从电子商务开始谈起了。

电子商务依托于 PC 机，是在信息网络技术支持下开展的商品交换活动，其中商品的范围很广，它还包含了无形的服务。而这一词汇的兴起和传播则有赖于阿里巴巴创立的电子商务网站，比如淘宝、天猫等，之后的京东、唯品会、当当等众多电商网站如雨后春笋一般出现，使电子商务呈现出百花齐放、百家争鸣的倾向。

就在电商发展方兴未艾之时，一些移动设备开始出现，比如 PDA、掌上电脑等，其中的典型代表则是智能手机。后者和传统时代只能用来打电话、发短信的手机迥然不同，它的出现，为电子商务提供了一种新的模式。

1 智能手机软硬件性能的提升和 3G、4G 网络技术的成熟，使得手机上网变得高效快捷

2 智能手机具有可随身携带的特性，而且能够 24 小时不间断上网

3 移动支付技术的发展完善，为移动端交易扫清了安全性障碍

于是，移动电子商务便在智能手机和信息技术的支持下兴起了，而且其崛起速度之快，增长人数之多，影响范围之广，都足以令人瞠目结舌。说一个人人都会遇到的事情，假如你现在就要出门看电影，那你的第一反应是什么？是不是打开 Wi-Fi，用手机订一张电影票？这是一种什么行为？实际上，这种用手机完成交易的操作过程就是在进行移动电子商务活动！

当然了，移动电商的影响虽大，却无法取代电商的全部业务，甚至从某种角度来说，两者更像是一种互补互存的关系。为什么这样说？很简单，电商中有一些业务移动电商目前做不到，比如 B2A（企业对政府的电子商务活动）、B2M（面向市场营销的电子商务企业）等。此外，移动电商的玩法和电商的玩法也不尽相同，比如移动电商更适合销售垂直化单一产品（微商），电商则适合做横向的综合化商务网站（天猫、京东）。

总而言之，移动电商就是一种继承了电商的某些业务职能，又表现出移动端特点的全新商务模式，它不是简单的电商移动化，而是一种伴随技术革新和网络发展而出现的电子商务再创新，它不仅不会颠覆现有的电子商务，反而会补充电子商务领域的某些不足和缺憾，最终达到与后者一起繁荣社会经济，提高电子商务整体水平的目的。

1.2 移动电商的崛起原因

任何事物的兴起都有其原因，移动电商也不例外，在笔者看来，其崛起的原因有很多，例如，移动端小、快、灵的特点，能给用户带来更好的体验等，但是溯本寻源，移动电商能够真正崛起，并呈现出爆炸性发展的态势，主要是因为以下三点。

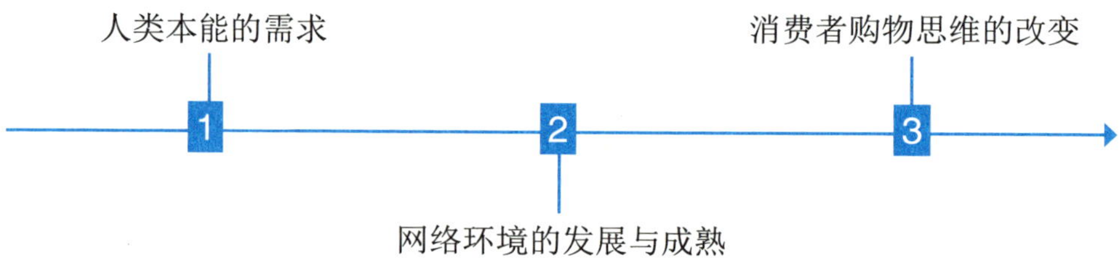

1. 人类本能的需求

人类总有追求更方便、更实惠、更出色体验的需求，这一点是古今一致的。比如古人骑马赶路，路途十分遥远，非常辛苦，他总会希望能早日到达，并提前订好客栈，以避免餐风饮露。为了解决这些需求，人类一直在努力探索。如今，人们则有随时随地实现购物的需求，有利用手机实现网络支付的需求，有不出家门就能享用香喷喷的新鲜食物的需求。

其实，诸如此类的需求人类一直都有，只不过是在某个时间段内，受当时的技术水平所限，无法被满足。但是，技术的发展则将这些不可能变成了可能，智能设备和网络技术的完善，使得人类的上述需求由理想变成了现实；成本的下降则降低了技术使用的门槛，使大众都能够凭借现有的经济实力，满足自己的需求。归根到底一句话，人类本能的需求促使技术发展，而技术发展则为移动电商的崛起提供了必要条件。

2. 网络环境的发展与成熟

时间往前推五六年，那时的移动网络技术还不是很完善，仍以 2G 网络和 GPRS 传输信号为主，上网速度极慢，又贵又不方便，随着 3G、4G 技术开始出现并不断发展成熟，无线 Wi–Fi 信号覆盖范围不断增加，移动互联网有了崛起的基础，并迎来了跨越式的发展，而基于移动网络技术的移动电商，就在这种情况下迎来了自身发展的黄金时期。

3. 消费者购物思维的改变

不可否认的是，移动端搜索的体验要比 PC 端差，某项调查显示，当消费者在移动端搜索网页时，往往需要输入两倍于 PC 端的关键词。但正是这种特点，使得消费者在使用智能手机进行搜索时，思维会变得十分专注，以便得到更为精准有效的信息。在这种情况下，消费者对于搜索到的产品，会抱有更强的购买欲望，从而更容易与商家达成交易，这一点也为移动电商提供了很好的崛起条件。

总而言之，移动电商能够崛起的原因是多方面的，从根本上来说，社会科技的发展、社会大环境的变化以及人类思维方式的转变，都是影响移动电商发展进步的重要因素。

1.3 移动端商业的发展历程

在移动端通信技术和计算机技术不断发展的现在，移动电商早已成为大众耳熟能详的新词汇，其发展态势十分迅猛，并对传统电商市场造成了一定冲击，成为了任何一个电商人都不能忽视的存在。而从移动电商的发展历程来看，它经历了 3 个时代。

1. 一代移动电商

一代移动电商的核心访问技术是短讯，但是这种技术在实践中被证明有很严重的缺陷，其中最突出的缺陷就是实时性差，消费者在查询时要等待较长时间才会得到答复。除此之外，短讯还有信息长度的限制，这就使得消费者总是得到不完整的答复信息。这些缺陷使消费者很难忍受，对于此类移动电商系统的升级和改造要求更是从未停止过。

2. 二代移动电商

二代移动电商是以 WAP 技术为主的电商形式，这种技术在一定程度上解决了一代移动电商的某些问题，可以使消费者通过手机浏览器访问 WAP 网页，并在此基础上查询所需的信息。但是 WAP 网页却存在交互能力很差的硬伤，这一点在很大程度上限制了二代移动电商的高效灵活性。另外，WAP 网页在访问上存在着安全隐患，这就使得某些对安全性较为看重的部门，比如政务部门，无法对二代移动电商做到充分信任。

3. 三代移动电商

三代移动电商作为新时代的电商，其移动商务系统的核心之一便是webservice，后者是基于 SOA 架构的一种应用程序。此外，智能移动终端和移动 VPN 技术也是三代移动电商的主要组成技术。这些技术的出现和发展，不但加强了系统的安全性，而且使系统交互能力明显提升。近几年来，随着3G、4G 技术的成熟与应用，以及数据可同步与身份认证等前沿技术的发展，三代移动电商成为了一种安全、高效的现代移动商务形式。

1.4 移动电商与传统电商的区别

在互联网时代，电商的发展经历了以下几个过程。

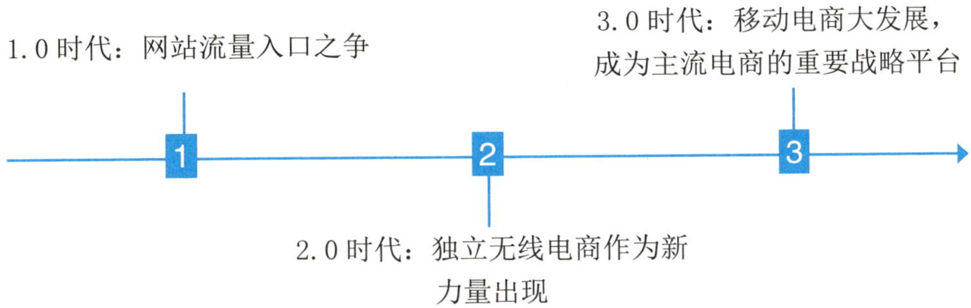

从上述的发展脉络来看，移动电商已经成为电商产业中的热门，很多电

商巨头都开始在移动端市场进行布局，以求得到进一步的发展。那么，移动电子商务与传统电子商务到底有什么区别呢？我们可以从以下三个方面来进行了解。

1. 容量大小

PC 端网页的页面容量比移动端更大，而且前者的分页特性使得消费者在进入电商网站后可以更随意地进行浏览和挑选。而移动端电商 App 则没有这个优势，它的容量较小，无法达到充实信息的效果，因此需要在页面功能上下足功夫，比如在主页面做好商品的类型划分，然后根据具体的商品属性进行不断细分。在这个过程中，移动 App 页面内容需要做到足够专一，只有这样才能引发目标消费者的关注，进而达成交易。

2. 场景选择

消费者在进行 PC 端购物时，所花费时间一般较长，而且主要场景分为无目的购物、有目的购物和活动特卖抢购等；但是在移动端，消费者就会进行碎片化购物，比如选在上下班途中、入睡前和用餐时间等，在较短的时间内浏览商品信息，实施购买行为。正因为消费者的碎片化时间选择，并且目的性不强，所以移动电商必须在有限的时间内，将有用的商品信息及时呈现给消费者，做到精准营销。

3. 时间因素

消费者多在午餐时间和下午下班后的碎片时间里进行移动端购物，而在其余较为集中的大段时间，PC 端购物则成为首选。使用时间的不同，使得移动电子商务和传统电子商务在营销时间点选择以及内容侧重点上都有所不同。

随着移动时代的到来，消费者在移动端进行购物的时间呈现出进一步增长的趋势。

需要注意的是，目前，移动电商并不能完全取代传统电商，两者不同的特点和侧重面决定了它们更像是一种互依互存的关系，利用传统电子商务做平台，利用移动电子商务做导购，两相结合，共同发展，才是企业和商家在移动电商时代的正确选择。

1.5 移动电商的业务分类

移动电商自兴起以来，就承担了大量的业务，为人们提供了各式各样的实用服务。那么，移动电商具体有哪些业务呢？对于这些业务，又应该如何进行分类呢？我们可以通过以下三个角度来看一看。

1. 从一般角度分类

业务类型	主要内容
推业务	其主要内容是发布公共信息，例如，时事新闻、天气预报、交通路况、广告等
拉业务	其主要内容是接受个人定制信息，比如服务账单、旅游信息、航班信息等
交互式业务	其主要内容是发送方与接收方的互动，例如，电子购物、博彩、游戏等

2. 从运营者角度分类

这种分类法的依据是，是否涉及商品的使用权和所有权。

从运营者角度分类

交易类业务

- 消费者可以通过此类业务获得各类实物产品或服务
- 在具体的交易过程中，会涉及双方或多方的交易主体
- 当商务模式迥异时，交易的触发条件也会有所不同

安全认证类业务

- 此类业务支持着商务活动的正常进行，对于保证交易信任关系十分重要
- 此类服务并不对消费者直接提供商品，而是为其提供服务性产品
- 在具体的交易过程中，物流和资金流并不存在，只有信息流的往来

3. 从用户角度分类

这种分类法的主要依据是交易机制和交易主体的差异性。

从用户角度分类

1 **按交易主体分类**

- 个人类应用
- 企业类应用
- 政府类应用

2 **按交易机制分类**

- 社交应用
- 情景应用
- 交易撮合应用

当然，移动电子商务的业务分类还有很多，这里就不再一一列举了，但是从目前来看，交互式业务中的电子购物业务发展状况良好，无疑具有很大的提升发展空间。

1.6 移动电商的服务范围

我们早已习惯了移动电商的存在，并充分享受着它为我们的工作和生活所带来的便利，但是你知道吗，移动电商的服务范围其实是很广的，而且它所开展的业务几乎涉及我们生活的方方面面。

移动电商的服务范围

银行业务

- 用户可以随时随地在网上进行个人财务管理，在这个过程中，安全能够得到很大的保障，这对于完善网络银行体系具有很重要的意义

交易应用

- 即时性是移动电子商务很重要的特点，基于此，股票、期货等交易应用完全可以借助移动电子商务实现

订票业务

- 无论是机票、车票，还是各类公共场所的入场券，都可以通过移动端进行预订，而且往往能够获得不错的优惠和及时的通知信息

网上购物
↓

• 移动购物无疑是移动电子商务很重要的一个方面，而即兴购物则是其中一个很大的增长点，如鲜花、礼物、快餐等。此外，支付、物流等方式的不断发展成熟，也使购物过程变得更加方便高效

娱乐服务
↓

• 消费者可以通过移动设备听音乐，并对喜欢的曲目进行订购下载，还可以在移动网络上与朋友们进行联网游戏等

医疗服务
↓

• 医疗产业对于时间的要求很高，每一秒都可能意味着一条生命，而移动电子商务的快速、即时性特点，与这种要求十分匹配，利用无线技术，医疗方可以及时掌握患者的实时信息，而患者也可以及时向医疗方求助

移动MASP

• MASP 包括了定位服务技术、短信息服务、WAP 技术、Call Center 技术，在需要工程师或工人进行现场作业的场合，具有很大的应用空间

移动电子商务有效利用了移动无线网络的各种优点，为大众提供了多样化且富有针对性的服务，是对传统电子商务的有力补充。

1.7 移动电商的社群化趋势

随着移动互联网时代的到来，移动电商也迎来了自己的爆发期，如滴滴、美团、移动淘宝、微商等诸多移动电商纷沓而来，开始了对现有市场的抢占与布局，在商业社会中呈现出百花齐放、百家争鸣的全新态势。在这种局面下，移动电商开始显露出完全不同于以往的新特点，那就是由“物以类聚”的垂直化运营模式，向着“人以群分”的社区社群方向前进，并表现出以娱乐性和互动性为主的社交化趋势。

具体来说，移动电商的社群化发展趋势主要表现在以下几点。

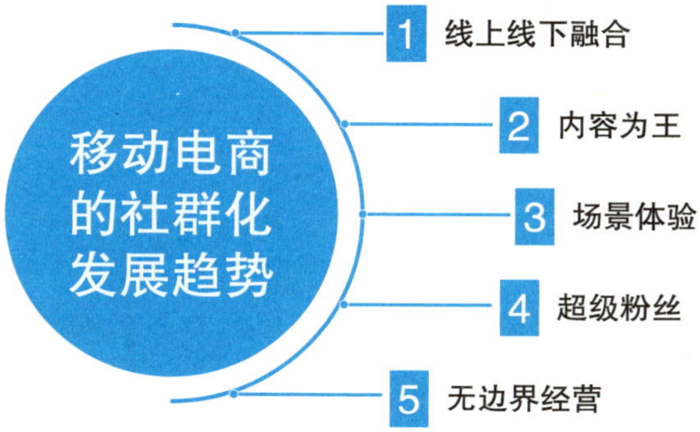

1. 线上融合线下

因为智能手机的出现，我们可以保证 24 小时在线，这就为随时对接线下产品提供了条件。在这种情况下，我们可以通过和客户随时随地的沟通互动，不断调整经营策略，满足客户需求，对产品和服务进行精准化配置，以此解决产品过剩、客户匹配度低等问题。

2. 内容为王

移动媒介的不断发展促使人们更加关注优质内容，这种情况使得曾经被人忽视的“内容为王”观念重新回归。在新时代中，谁能打造出更有价值的内容，谁就可以在日新月异的市场中抢占先机。需要注意的是，移动时代赋予了“内容为王”全新的内涵，那就是普世性强、传播度广以及短小精悍，只有符合了这些特质，移动电商才能打造出引发大众关注的内容，并借此实现自己的营销目的。

3. 场景体验

移动电商的一大发展趋势便是给客户提供更加完美的场景体验，这种体验方式有别于过去的单一式体验模式，而是演变为综合化、立体化的新模式。比如线下体验店，当顾客进入之后，商家除了要提供产品推荐和相关服务外，还要顾及顾客的娱乐享受和参与互动需求，通过多种多样的线下活动方式，使顾客得到全方位的移动服务体验。

4. 超级粉丝

超级粉丝是一个新兴的概念，其特点有别于一般粉丝和僵尸粉，是一种以意见领袖为导向，真实有效的媒介推动力量。比如罗辑思维拥有600万粉丝，乍看起来不是很多，但这些人却都是超级粉丝。当主持人罗振宇推荐书籍和产品时，超级粉丝就会进行积极转发和强力推荐，并在这个过程中对罗辑思维本身进行高层级、社交化定位，使得到推荐信息的人产生“罗辑思维高大上”“看罗辑思维提高逼格”等积极化印象，从而产生很好的社会化传播效果。

5. 无边界经营

无边界经营是移动电商最主要的发展特点和前进方向。这种思路要求我们放开自我限制，充分发挥想象力，不但从现有的移动平台，如微信、移动淘宝等，寻找盈利机会，而且要从丰富多彩的移动端模式中寻找新的机遇，比如为现有 App 软件提供专业化服务，投资或运营手机游戏，通过打造明星自媒体进行变现等。

可以肯定的是，移动端的商业缺口还有很多，盈利潜力仍然巨大，我们只要仔细关注并分析移动网络现有发展情况和未来方向，并紧密联合自身实际，就很容易从中找到创收点，实现自己发展进步的商业目的。

1.8 实现移动电商的信息技术

近些年来，移动通信技术取得了跨越式的进步，而这种技术上的进步又带来了移动电子商务的爆炸式发展，进而影响到了社会生活的各个方面。

这些信息技术主要包括以下几个部分。

信息技术的分类

1. 无线应用协议（WAP）
2. 通用分组无线业务（GPRS）
3. 移动 IP 技术
4. 蓝牙技术
5. GPS 移动定位技术
6. 3G 技术
7. 4G 技术

1. 无线应用协议（WAP）

这种技术是通过将因特网上的 HTML（一个标准通用标记语言下的应用）信息转变为 WML（无线标记语言）信息，令信息可以在手机屏幕上顺利显示。

2. 通用分组无线业务（GPRS）

它是一种特殊的移动数据业务，可以为 GSM 移动电话用户提供服务，是第二代移动通信数据传输技术中的一种。从某种程度上讲，它就是 GSM 的后续发展，并以封包式来传输数据，其速率能够达到 56 ~ 114 千比特 / 秒。

3. 移动 IP 技术

这是一种将移动通信和 IP 进行融合的技术，它融合了话音和数据的双重业务，以无线话音和无线数据在 IP 协议平台进行传输为主要目标，对于现有的移动通信方式来说，它是一种极为深刻的变革。

4. 蓝牙技术

这是一种支持 10 米内（一般情况下）较短距离通信的无线电技术。如手机、无线耳机、笔记本电脑等设备都支持使用这种技术。

5. GPS 移动定位技术

也称全球定位系统，其基本原理是通过测量某固定卫星到接收机的距离，再对其他几颗卫星的数据进行综合，得出接收机的地理位置。

6. 3G 技术

也称第三代移动通信系统，或 IMT2000，智能信号处理技术是其最主要的特点。3G 技术可以支持包括话音和多媒体数据在内的通信，并能够提供如高速数据和电视图像等宽带信息业务。

7. 4G 技术

4G 技术集 3G 技术与 WLAN 技术为一体，可以对音频、视频、图像等数据进行快速传输，其下载速度可以达到 100 兆比特 / 秒，是拨号上网的 2000 倍，其传输质量和清晰度甚至能够达到高清晰电视的标准。

除此之外，4G 技术能够在 DSL 和有线电视调制解调器尚未覆盖到的地域进行部署，进而扩散到整个地区。

Part2

创业模式一

移动电商创业之 B2B 模式

2.1 移动时代的 B2B 电商

B2B 电子商务也叫做企对企电子商务，是当前电商市场中不可或缺的主要部分。在移动互联网快速发展的现在，大量消费者都开始在移动端使用微博、微信等网络平台，并逐渐成为一种行为习惯，在这种趋势下，消费者开始希望能够在移动端，通过 App 等特色功能和手机终端操作，实现办公、交易等行为，例如，手机购物、远程会议等。移动时代的 B2B 电商，正是在这种情况下强势崛起并取得不俗的发展的。

2.1.1 B2B 概述

B2B 是电子商务的重要组成部分，可以将它大致概括为一个企业对其他企业的营销关系。B2B 通过 B2B 网站将企业与客户连接起来，并以快速反应的网络优势为基础，给客户提供更出色的服务，以此促进企业自身的发展。

B2B 电子商务的服务模式包括以下几点。

B2B 电子商务的服务模式

卖家：卖家企业通过 B2B 业务与买家企业进行各自信息的互换，在这个过程中将产品或服务卖给买家企业，以此获利

买家：买家企业因自身需求购入产品或服务，与卖家企业展开交易合作

B2B 服务提供商：当由卖家和买家外的独立第三方提供 B2B 业务时，后者就是 B2B 服务提供商，它既可以提供单一渠道服务，也可以提供多渠道服务

渠道：开展 B2B 业务的渠道有很多，包括互联网、移动互联网、线下展会、纸质出版物等

在 B2B 电子商务开展业务和服务的同时，它也呈现出以下几点特殊的优势。

01 大信息量：互联网商品交易中心给买卖双方提供了一个庞大的商品求购市场

02 安全交易：认证机制保证了交易安全，解决了“拿钱不给货”和“拿货不给钱”的难题

03 方便结算：指定银行和指定账户的统一集中结算模式，有效降低了资金结算风险，且十分快捷方便

需要注意的是，我们不能把 B2B 简单看作网上买卖方群体，它在开展企

业间买卖交易的同时，也为企业间的战略合作提供了重要支持。在现代社会，一家企业即使实力再强，技术水平再优秀，也不可能单独实现 B2B，只有与其他企业合作，建立综合化的 B2B 商业网络，才是企业正确的发展途径。

2.1.2 B2B 电商的三要素

在开展 B2B 业务时，供需双方必须都是商家（企业或公司），而且在它们开展交易直至达成交易的过程中，需要以网络技术或商务平台为依托，这样才能满足 B2B 业务的开展要求。具体来说，B2B 电商包括如下三点要素。

01 买卖要素：B2B 网站平台提供大量物美价廉的商品，不仅吸引消费者的关注目光，也会使很多商家愿意入驻其中

02 合作要素：这里的合作是指与物流公司间的合作，只有为消费者提供方便快捷的物流服务，才能保障 B2B 网站平台的生存和发展

03 服务要素：服务包括售前咨询介绍，售中支付购买、物流，售后维修退换等，只有提供全面良好的服务，才会使客户愿意进行再次购买

以上三要素对于 B2B 电商来说十分重要，是 B2B 业务能否顺利实施，商家能否在 B2B 电商市场中成功立足的关键所在。

2.2 B2B 移动电商的成本投入

很多人都会对 B2B 业务产生这样的疑问：B2B 网站需要投入多少初始资金？怎样组建 B2B 团队？投入的资金怎样分配才合理？怎样才能在最大限度上降低风险，并尽快达到收支平衡？要想解答这些问题，需要从 B2B 电商的成本投入谈起。

2.2.1 技术成本投入

技术成本是 B2B 移动电商开展业务的前提保障，而如何做到有效控制技术成本，使其为商家的经营活动提供有效服务，是商家需要认真思考的事情。具体来说，技术成本包括以下几个方面。

硬件成本	包括 PDA、智能手机、笔记本电脑等移动设备的成本投入
软件成本	包括各类移动端商务平台注册、入驻费用，收费 App 软件下载等

学习成本　任何移动端的硬件和软件，都要学会使用、运作，并在实践过程中不断加深理解，这些都属于商家的学习成本范畴

维护成本　包括商家所建移动店铺的更新维护费用、应用软件的运营费用等

需要注意的是，B2B 移动电商需要各种技术相结合，而且无论是管理还是维护，都需要一笔较大的投资，所以商家要根据自身实力，在系统、技术和人才方面进行成本投入，以期取得良好的经营效果。

2.2.2 安全成本投入

无论在什么情况之下，交易安全都是人们在商务活动中最关心的问题，B2B 电子商务也是如此。如何令交易双方得知对方的真实身份信息，保证消息的完整传递以及确保交易本身的真实有效，是商家无比关注的事。而这些涉及安全的因素，需要一些技术手段来加以保障。

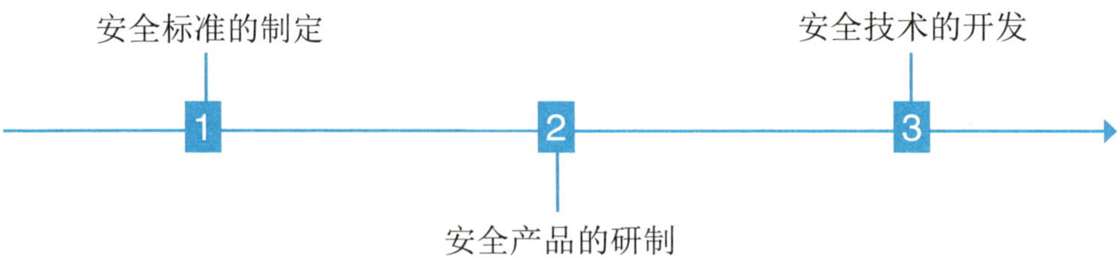

上述三个方面涉及一系列协议、规章、软硬件，甚至是特有安全技术的安装和使用，商家必须将这些东西落在实处，在投入方面不打折扣，只有如此，

消费者和企业客户才能做到真正放心，进而与商家展开稳定、长远的合作。

2.2.3 物流成本投入

在移动电子商务中，物流配送无疑是一个极大的难题，但它同样也是消费者极为看重的一个方面。具体来说，物流成本包括以下两点。

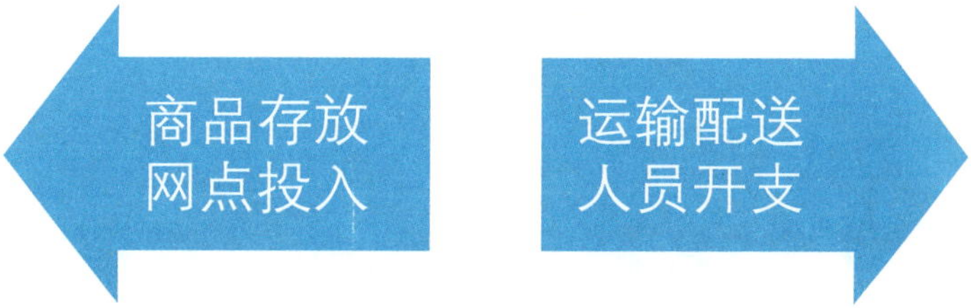

商品的存放和运输配送人员的雇用还会衍生出一些其他成本，比如商品的防潮防变质、交通工具的使用等，这些成本的投入十分重要，具体的投入金额需要商家在实践过程中自己摸索。

2.2.4 客户成本投入

对于移动电商来说，客户成本并非由自己支付，而是顾客在享受网上交易服务时所需承担的费用。

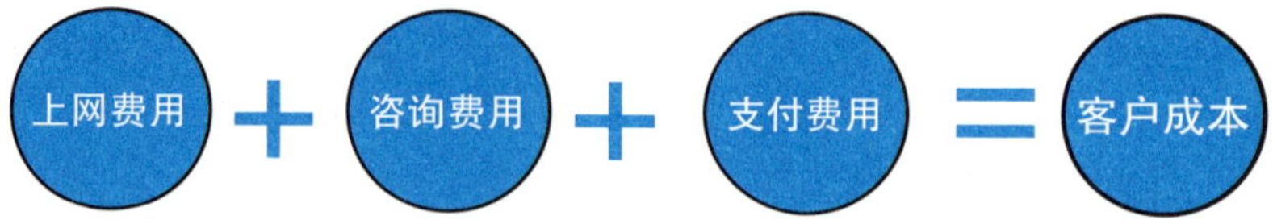

当消费者开始享受上述服务时，就需要支付数元每小时的费用，这还不包括硬件的添置费用和所需的学习费用。这种客户成本虽然不是由商家支付，但是对于消费者来说影响很大，如果消费者觉得客户成本超过了实体交易成本，就会放弃移动购物的方式，使商家受到损失。所以，客户成本成为对移动电商经营影响很大的重要因素。

2.3 B2B 移动电商的运营模式

当前人们对 B2B 移动电商的理解更多是从基本概念出发，认为它的含义就是企业对企业的在线交易。而实际上，有一些成功的 B2B 行业网站并未做在线交易，而是在围绕着交易这个基本点，进行品牌知名度的打造以及产品和企业信息的宣传推广。接下来，就让我们看几种较为典型的 B2B 移动电商运营模式吧！

2.3.1 面向商业的垂直模式

所谓垂直模式，就是指面对商业或制造业的垂直 B2B 模式。这种模式分为两个方向，每一个方向面对的对象都有所不同。

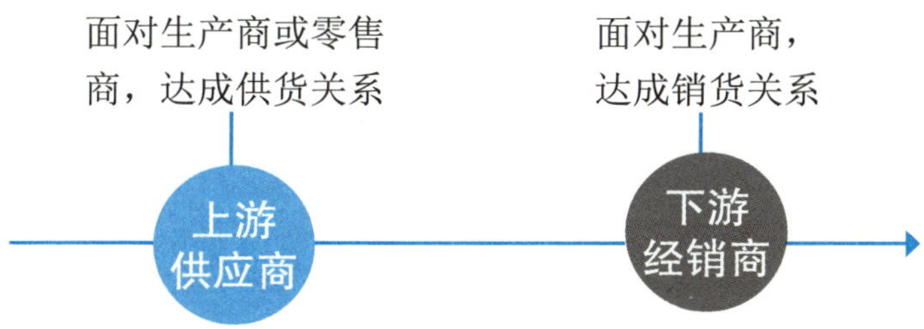

垂直模式的 B2B 网站既可以是企业开设的在线商店，也可以是商家自己开设的网站，它们以此来达到自己宣传产品、促进交易的商业目的。

2.3.2 面向中间市场的综合模式

这种模式可以看作水平 B2B，简单来说，就是将不同行业中相似的交易过程集合在同一场所，提供一个令企业的采购部门和供应部门进行交易的机会。例如，慧聪网、中国制造网、采道网等，就采用了这一模式。

采用综合模式的网站，并不拥有产品，也不经营产品，而是作为一个商务平台出现，销售商和采购商也会在此类平台上汇聚，后者还能查到前者在网上售卖商品的信息以及其他各类信息。

2.3.3 龙头企业自建模式

自建模式更适于大型行业龙头采用，是龙头企业在移动时代建立的行业电子商务平台。这种模式需要龙头企业符合以下两个条件。

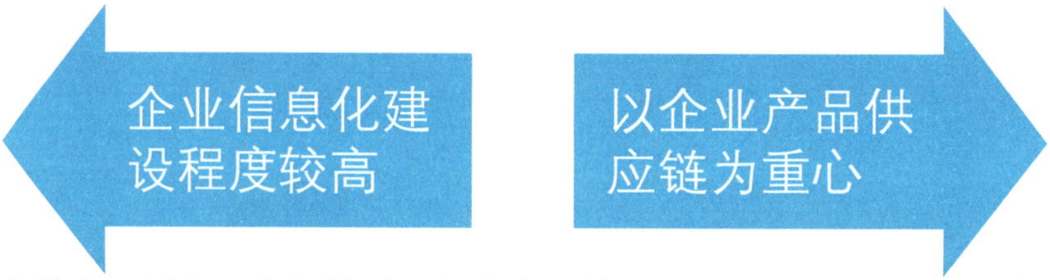

当符合了以上两个条件时，龙头企业就可以成功建立属于自己的电商平台，并通过这一平台将整条产业链串接起来。而对于处于供应链上下游的企业来说，完全可以通过龙头电商平台，达成了解咨询、实时沟通、在线交易等商业目的。但是需要注意的是，这种电商平台的缺点也很明显，那就是太过封闭，缺乏对整条产业链的深度整合。

2.3.4 行业关联模式

在 B2B 移动电商运营模式中，垂直模式缺少了横向的拓展，综合模式缺少了纵向的深化，都有其局限性，为了使 B2B 电商平台的交易信息变得更为全面和精确，就出现了综合二者优势的新模式，那就是行业关联模式。

关联模式在出现之后，吸引了很多企业和商家的关注支持，例如，土佬哥国际商贸网，就为广大供应商和采购商提供了垂直化的供销服务和自由化的交易平台，在行业关联模式方面进行了有益的探索，成为一家跨行业、整合垂直与综合模式的优秀电商平台。

2.4 B2B 移动电商的交易流程

在 B2B 电子商务中，交易的正常流程无疑是值得人们关注的，而 B2B 交易流程一般分为常规流程和制造业基本流程两个方面。下面，就让我们来看一看它们的差异所在。

1. 常规流程

常规流程

第一步 订货之前，商业客户先要向销售商发出“用户订单”，在订单上要注明产品数量、名称等相关问题

第二步 当销售商收到“用户订单”时，要以订单要求为准，联系供货商，发出查询产品相关情况的“订单查询”

第三步 供货商接收到“订单查询”后，必须仔细审核，根据审核情况返回“订单查询”，给予销售商有无货物等回答

第四步 销售商在收到肯定答复后，向运输商发出“运输查询”，询问货物的运输情况

↓

第五步 运输商在收到查询单后，就货物运输能力、运输日期、运输线路等问题给予销售商答复

↓

第六步 在运输能够达到要求的前提下，销售商马上在“用户订单”上给予商业客户肯定答复，同时发出“发货通知”给供货商，给予运输商“运输通知”

↓

第七步 运输商在收到“运输通知”后发货。商业客户发出“付款通知”给支付网关。支付网关和银行开始进行票据结算

↓

第八步 支付网关发出“转账通知”，通知销售商交易成功

2. 制造业基本流程

制造业基本流程

↓

第一步 收到客户的订单，对 EDI 标准数据（EDI ANSI － 850 或 EDIFACT － ORDERS）进行解析，将必需数据存入订单，进行数据库录入

↓

第二步 在 ERP 系统中录入订单信息，并在此基础上建立销售订单，然后再把与此有关的信息反馈给 ERP 系统

↓

第三步 使用 B2B 系统，给客户返回订单信息，EDI ANSI － 855 或 EDIFACT － ORDRSP

↓

第四步 在 ERP 系统中建立生产命令，并对生产命令进行下载（使用生产现场管理系统），对生产过程进行安排，产生相关产品数据

↓

第五步 B2B 取得 ERP 传送的 IDOC 信息，存入 B2B 数据库。在已有的 ShipID 基础上获取 SFC 数据库中的货物数据、包装列表等信息

↓

第六步 运单生成（ShipNotice），EDI ANSI - 856 或 EDIFACT - DESADV，立即将其发送给客户

↓

第七步 客户确认运单信息，马上接收，EDI ANSI - 824 或 EDIFACT

↓

第八步 给客户发送发票，EDI ANSI - 810 或 EDIFACT - INVOIC

2.5 B2B 移动电商的网站优化

提到 B2B 网站的优化，很多人都会一片茫然，不知道该从哪里做起。其实，B2B 网站的优化问题并不像人们想象得那样复杂，一般来说，只要做好了网站内容，并解决好由内容衍生出的相关问题，提高客户的使用体验，就可以使 B2B 网站的优化问题得到很大程度

上的解决。

2.5.1 综合问题解决方案

B2B 网站结构看似简单，但其中往往隐藏着很多隐患，这些隐患很难从整体上得到解决，例如，分类目录不合理、网站 PR 值低等，这些问题的出现，往往会降低 B2B 网站的竞争力，给用户以不好的使用体验。

针对上述情况，B2B 网站需要建立一个有效的优化体系，解决网站出现的各类隐患和问题。而对于 B2B 网站来说，此类优化方案需要由前端 / 页编人员、内容编辑、推广人员和数据分析员合作完成，四者分别负责不同的方面，以求从整体上对 B2B 网站进行优化。

前端 / 页编人员	前端 / 页编人员的工作重点在于站内优化方面，主要负责对站点结构进行合理规划（扁平化结构、辅助导航等）和设置内容页结构（热门文章、推荐文章等），以使网站的加载速度更快，页面结构变得更整洁
内容编辑	内容编辑主要负责网站的内容建设，其职责主要在于保障内容的原创性或伪原创性，对内容细节进行优化（标题、关键词等），合理部署关键词，以及采取灵活有效的内链策略（对文章内部链接数量进行控制等）
推广人员	推广人员重点负责网站的站外优化，包括建立外链基本途径（友情链接、软文等）、创新链接思路（如举办带有链接的活动）等

数据分析员	数据分析员通过对网站交易数据、竞争对手数据以及相关行业关键词数据等信息进行总结分析，对流量的来源和用户的定位做出合理化预测

通过上述四个方面的优化，一个 B2B 网站的综合优化方案就已成型，接下来就是不断打磨，逐渐完善的过程，这是一个长期积累的过程，需要网站经营方按照上述具体方案长期坚持下去。

2.5.2 收录问题解决方案

有些人觉得 B2B 网站的收录比较容易，其实并非如此。因为随着供求信息发布量的不断增加，很多新信息开始滚动更新，但搜索引擎却并未将其全部收录，有相当一部分的新信息逐渐滚动到多层次目录下面，造成无法收录的情况。

这种情况的发生在很大程度上是由于网站结构层次设计得不太合理，如果能够将分类目录等层级结构设计得合理一些，再将网页尽量转化为静态网页，则可以在一定程度上改善收录问题，使更多信息被搜索引擎录入，从而在一定程度上解决现有的 B2C 收录问题。

2.5.3 动态网页问题解决方案

在移动互联网快速发展的今天，很多发展情况良好的网站已经通过有效的网站优化基本达到了静态化处理所有信息的能力。但是很多 B2B 网站却没有做到这一点，它们依旧使用全动态网页技术，甚至动态生成的范围已经扩展到主栏目和二级栏目。

这种动态的 B2B 网站在搜索引擎的自然检索结果中，已经不能取得任何优势，即使搜索引擎收录了网页，相对于其他同类内容的静态网页来说，也已经处于劣势地位，最后只能是陷入访问量不断减少的怪圈之中。因此，模仿领先网站，实现 B2B 网站的静态化改造，使网站能够对所有信息进行静态化处理，才是解决动态网页问题的主要出路。

2.5.4 相关性问题解决方案

除了在前面几个章节谈到的问题之外，还有一些关于 B2B 网站优化的相关性问题，这些问题对于 B2B 网站优化和改造而言，同样是重要的阻碍。

网页标题问题

- 有些 B2B 行业网站上，允许用户自发信息，这种情况导致了设计不专业和文不对题现象的出现
- 解决方案：尽量由专业的网站维护人员来编辑内容

网站基本要素问题	• 有些优化方案忽略了网站的基本要素，例如，不符合网站建设的目的、忽视了服务对象等，这就造成了网站管理和应用上的混乱 • 解决方案：从网站的建设目的、资源、所需技术、服务对象、所要达到的影响等方面全面考虑优化方案，最终达成网站的整体提升效果
操作不当问题	• B2B 网站技术人员在对网站搜索引擎进行优化时，往往因不熟练等问题造成操作不当，并因此衍生出其他问题 • 解决方案：提高技术人员的专业水平，更多借鉴成功网站的成功优化方案

总而言之，一旦 B2B 网站在优化过程中出现问题，我们就应该做到快速、有效、积极的应对，以求在最短时间内解决问题。如果放任不管，使其成为疑难杂症，就会造成不良的持续效果。因为这样做不但会使优化的目标无法达成，而且会使网站衍生出更多问题，令我们陷入疲于奔命的境地。

2.6 B2B 移动电商的经营模式

在移动端市场快速变化和发展的时代，若想做好 B2B 移动电商，就要知道一些有效的 B2B 经营方式，并在具体运营过程中加以实践。

只有这样，才能使 B2B 经营活动真正取得成效，从而创造良好的营销推广效果。下面，就让我们来看一些具体的 B2B 经营模式。

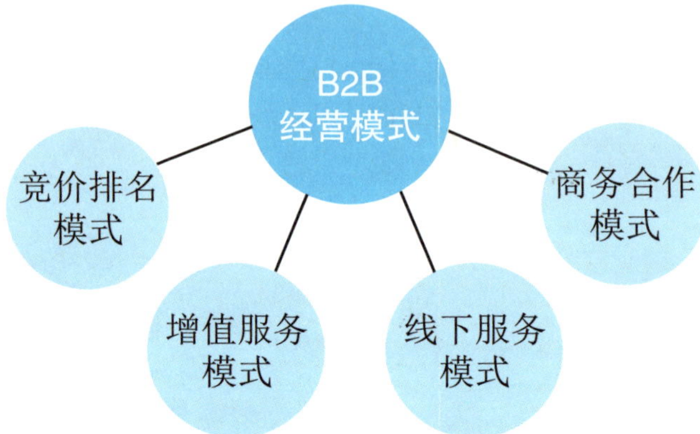

1. 竞价排名模式

为了使自己的产品卖得更好，很多企业都愿意使自己的排名在 B2B 网站的信息搜索中更靠前一些。B2B 网站可以利用这一心理，根据会员缴纳费用的不同，适当调整排名顺序。需要注意的是，这种调整需要符合一个前提，那就是网站提供的企业信息一定要准确、真实，不能罔顾事实，胡乱排名。

2. 增值服务模式

B2B 网站除了提供交易供求信息之外，还有一些独具特色的增值服务项目，可以实现创收宣传的目的，例如，企业认证、独立域名、搜索引擎优化等。像是针对电子行业的现货认证，以及涉及电子型号的谷歌排名服务，就是这类增值服务的具体体现。

3. 线下服务模式

线下服务的内容主要为期刊、展会和研讨会等。

中小企业较为青睐此种模式，因为它为供应商和采购商的面对面交流提供了重要条件

研讨会上经常对某一行业领域的专业问题进行研究探讨，对于制定行业规则和发展战略具有重要的意义

期刊中多为行业资讯信息等内容，可以满足目标客户对于行业发展趋势的了解需求，除此之外，期刊内部能够实现广告植入，这也是一个很好的收入来源

4. 商务合作模式

商业合作模式主要包括广告联盟，政府以及行业协会之间的合作，传统媒体间的合作等。然而对于网络广告联盟来说，它在国内算是一种比较新的事物，很多网站对于利用联盟进行营销有些陌生，用于营销实战的情况较少。

2.7 B2B 移动电商的特色分析

对于有志于进入 B2B 移动电商行业的创业者来说，搞清 B2B 移动电商的特色，充分做到对其优势、劣势、机会和威胁四方面的

分析，最后将四方面综合起来，应用到 B2B 行业网站的产品研发、营销策略制订、整体项目评估等环节，会大大提升其创业活动的成功概率。

2.7.1 竞争优势

竞争优势就是一个企业或组织超出竞争对手的优势能力，或者是其特有的能够提升自身竞争力的事物。对于 B2B 移动电商来说，它的竞争优势主要体现在以下几个方面。

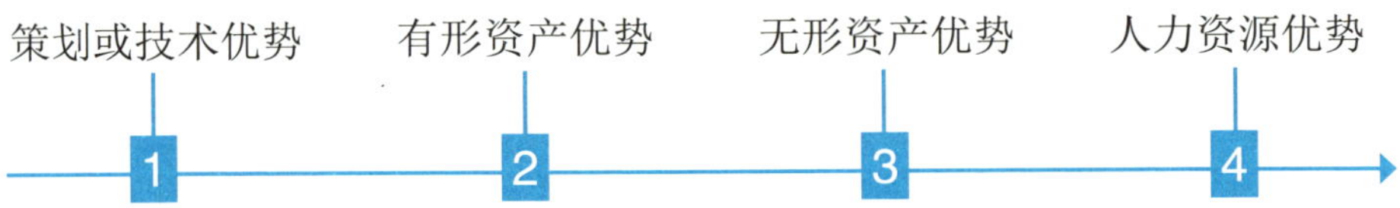

1. 策划或技术优势

真正由公司经营的 B2B 行业网站其实是很少的，剩下的大多是由个人或团队经营，在大家的实力普遍有限的前提下，我们完全可以在网站策划和相关技术领域完成超越，以此彰显出自己的优势。比如突出网站的易于操作性，在同等情况下进行“微创新”等。

2. 有形资产优势

如果自身有房产或实体店铺，那么在经营过程中就可以省下房租投入，形成有形资产上的优势。此外，前期投入较多的资金也是一项重要的优势，因为在普遍小投资的领域，投入较多的前期资金，就会形成对大多数竞争对手的优势地位。

3. 无形资产优势

无形资产看不见摸不着，但是对于创业者来说，它却具有无比重要的作用，有时甚至会形成决定性的优势。比如在行业内的良好的人际关系，多年的从业经验，对行业发展、策划、运营的深入了解等。

4. 人力资源优势

创业者所处的地域和具备的资金，能否支持其组建一个强于竞争对手的团队，往往是他创业成功的重要影响因素。如果创业者的资金充足，并在此基础上雇用了很多优秀成员组成强大的团队，那其在开始阶段就领先了别人一大步。

总而言之，创业者需要找出自己的独特优势，只有在优势项上取得行业领先地位，才能在行业中完成领跑，也才能更容易地在激烈的市场竞争中取得成功。

2.7.2 竞争劣势

竞争劣势是与竞争优势相对应的概念，指的是企业或组织缺少或做得不够好的地方，企业或组织会因此在行业市场上被竞争对手打击，处于相对劣势地位。竞争劣势主要分为以下几类。

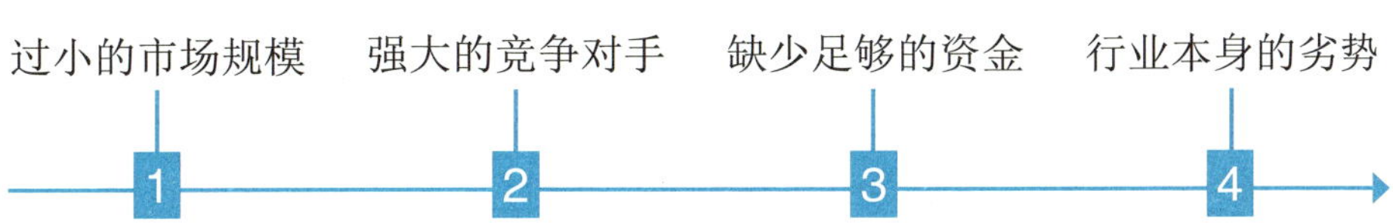

1. 过小的市场规模

如果在一开始的市场定位中选择了规模很小的目标市场，那么即使做得再出色，也不会有很多客户，充足的盈利更是无从谈起。在这种情况下，只有深挖不同市场间的相似需求，对媒体、社交、电商以及线下模式进行综合，将它们成功地应用到自己的行业中，才能取得较好的经营效果。

2. 强大的竞争对手

如果本行业的竞争对手过强，比如对方拥有多年的从业经验，稳定的市场占有率，充足的资金等，就要学会进行差异化竞争，不与对手进行硬碰硬的较量，只有这样才能在目标市场上立足，进而实现生存和发展的商业目标。

3. 缺少足够的资金

资金不足是硬伤。在任何一个行业，充足的资金往往都是体现实力的最好方式，只有满足了这一点，才能谈得上扩大经营，开拓并占领市场，建立品牌，以及与竞争对手进行商业竞争。在你资金不足的时候，往往只能做两件事，一是想方设法寻求投资、融资，二是降低经营成本，比如放弃用户需求量不大的经营项目，降低团队配置等，总之，生存下去才是最重要的事。

4. 行业本身的劣势

有些行业本身就存在很大的劣势，比如门槛变高，用户需求量急剧减少，甚至被时代淘汰等。如果这个劣势无法弥补，我们就要果断放弃这个行业，重新寻找一个市场潜力较大的行业，重新开始。

2.7.3 潜在发展机会

影响 B2B 行业网站发展战略的因素有很多，市场机会就是其中很重要的一个。创业者应该抓住每一个市场机会，对其成长前景和利润水平进行有效预测，并从中选取与自身实力相匹配的一个，及时进场，以此确立网站在同行业中的竞争优势。

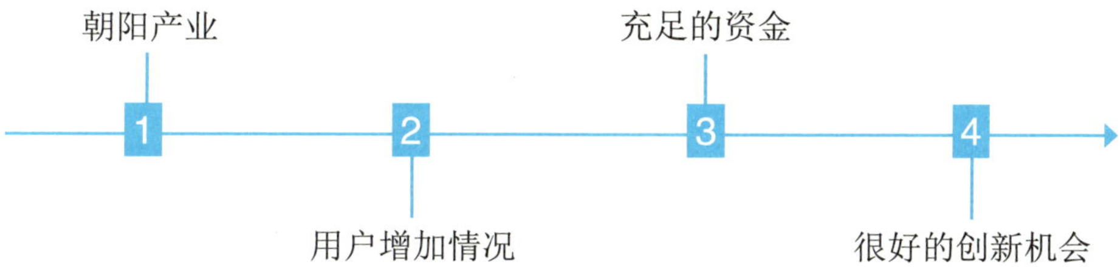

1. 朝阳产业

整个产业的发展情况欣欣向荣，有一大批新人进入该领域进行创业活动，这种情况会使原本很小的市场规模得到拓展，呈现出更多的盈利和发展机会。比如环保行业、绿色能源产业、健康食品业等，就是这样的朝阳产业。

2. 用户增加情况

网站建立后，用户的数量是否能够呈现出爆炸式增长的情况？如果答案是肯定的，那我们就可以从中抓住机会，实现自身的跨越式发展。比如网络游戏产业成功争取到很多年轻用户的支持，用户数量在短短几年内实现了几何级数的增长，很多进入该领域的公司都因此实现了上市的目标，可谓跨越式发展的典型。

3. 充足的资金

我们的资金很充足，或者说我们没有充足的资金，但是能够吸引来更多的民间资本类投资，并以此为基础去雇用更出色的人才，做更大规模的营销推广活动，这本身就是很好的潜在创业机会。充足的资金可以使我们的网站在开始阶段的运营中更占优势，从而实现快速的进步和发展。

4. 很好的创新机会

如果我们有很好的创新意识和创新机会，就可以在一定程度上抵消实力和资金不足的劣势，通过努力降低成本，寻求社会投资以及差异化竞争的策略在市场上成功存活下去。一般来说，只要创新行为足够优秀，难以被竞争对手取代，并不断坚持下去，耐心在自己的专有领域中夯实基础、寻求发展，经过一段时间的投入期后，我们就有极大可能迎来事业发展的高峰期。

2.7.4 外部威胁

在创业者进行 B2B 领域的创业行为时，总有一些外部因素会对此产生不良的影响，甚至是对 B2B 网站的盈利能力和市场地位构成很大的威胁。在这种情况下，创业者应该对未来可能威胁到自己的不利因素做出正确的判断，并及时采取有效的行动，以减轻它们所带来的不良影响。

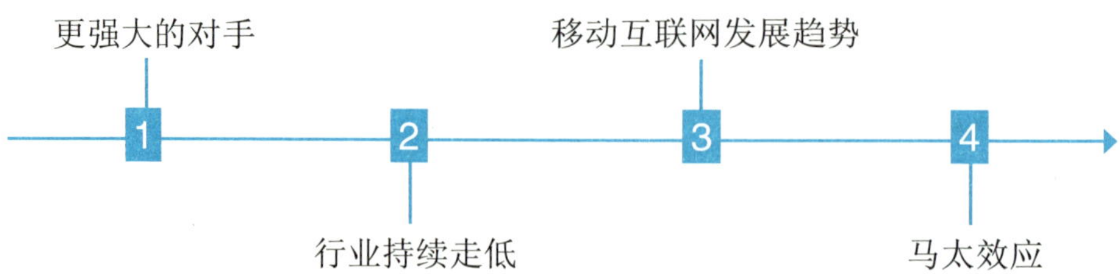

1. 更强大的对手

在移动互联网时代，企业、团队甚至个人在商业领域的崛起速度非常快，强大的对手随时都有可能出现。在这种情况下，我们要通过更出色的网站功能、更具优势的网站相关技术以及更全面的网站内容，打造属于自己的网站品牌，与对手进行全方位的竞争。当然，这一切都有个前提，那就是手段正当，不能违背法律、社会公德和行业准则。

2. 行业持续走低

在某些时候，我们涉及的行业会呈现出持续走低、不断衰退的趋势。比如产业重心的整体转移，行业内部的大洗牌，国家政策对产业产生不良影响等，都有可能造成这种局面。在这种时候，我们就要考虑寻找新市场，改变以往的盈利模式和经营模式，做出逐步的、恰当的、理性化的转型措施，避免被整个行业拖累，陷入失败的境地。

3. 移动互联网发展趋势

移动互联网的发展是大势所趋，在此趋势下呈现出的商业特点与产业转型特点，更是需要引起创业者的足够重视，比如 B2B 网站是否符合社群化和碎片化的经营思路，是否能为用户提供比以往更出色的使用体验和相关服务等，都是决定创业成功与否的关键因素。

4. 马太效应

所谓马太效应，就是指强者越强、弱者越弱的现象，这个效应放在 B2B 领域也同样适用。比如当创业者选择的行业中有一个或数个绝对的领先者和巨头，又没有发现巨头未涉足且前景良好的细分领域时，创业者就要做到及时撤出。因为在创业之初，创业者受限于自身实力，很难与行业巨头进行竞争，强自为之很容易陷入失败破产的境地。

Part3

创业模式二

移动电商创业之 B2C 模式

3.1 移动时代的 B2C 电商

B2C 也称作"商对客"，指的是企业直接面对消费者，提供产品售卖和相关服务的电子商务模式。B2C 模式在我国产生的时间最早，8848 网上商城的出现揭开了 B2C 的大幕，其业务范围包括在线服务咨询、在线商品售卖等，消费者可以通过企业提供的 B2C 网上商店实现网上购物和网上支付等网络消费行为。

3.1.1 B2C 的定义

B2C 是广大消费者较多接触的电子商务模式，它的经营方式就是企业向个人直接销售产品或服务。自它产生以来，就在很多行业中取得了快速发展，彰显出强大的生命力。

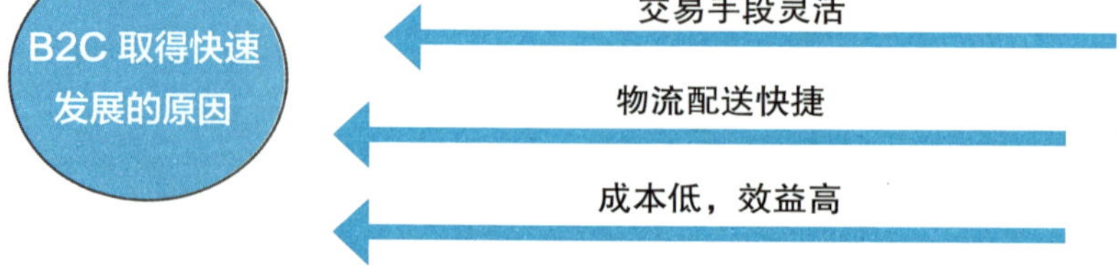

上述原因使得 B2C 在电子商务领域中成为发展最快速、应用范围最广的电子商务模式，它主要包含了以下两种模式。

无形商品模式

- 主要包括网上订阅模式、付费浏览模式、网上赠与模式、广告支持模式等
- 案例：优酷网付费频道、爱奇艺会员模式等

实物商品模式

- 主要包括手机商城、综合模式和在不断探索中出现的新模式
- 案例：亚马逊、当当、京东商城等

总而言之，B2C 是企业以互联网为依托，为消费者提供的面对面售卖服务，换句话说，B2C 就是以网络零售业为主的电子商务。在其具体的经营过程中，不但大大提高了交易效率，还为消费者节省了购买所需的时间，因此受到了消费者的广泛欢迎，取得了长足的发展。

3.1.2 B2C 网站的组建方式

如果想进入 B2C 电商领域，创建一个功能完善的 B2C 网站就是重中之重。那么，怎样才能组建一个成功的 B2C 网站呢？ B2C 电子商务网站又由哪些基本部分组成的呢？

商场网站

- 这种网站主要为消费者提供网络购物场所。它可以分为综合商城、百货商店、垂直商店等不同的形式

配送系统	配送系统负责配送消费者购买的商品。它包括备货、储存、分拣及配货、配装、配送运输、送达服务和配送加工等不同环节
银行及认证系统	此类系统的功能有两个，一为确认消费者身份，二为贷款结算

如果将上述三个基础部分构建好，就可以形成一个功能较完备、较易吸引消费者进入的 B2C 网站。但是对于创业者来说，仅仅做到这些并不够，如果想要自己的网站得到消费者的认可，还需要找到一家信誉与实力并存的网站设计公司，并与之展开网站设计合作。

需要注意的是，我们在寻找网站设计公司时，最好找那些拥有多年经验和专业口碑，并拥有自己线下办公场所的公司，这样容易找到正规化的实力公司，有助于我们得到良好的设计成果。

3.1.3 B2C 电商的发展现状

随着我国 B2C 电子商务的不断发展，无论是商品销售环节，还是相关服务环节，都取得了长足的发展和飞速的进步，呈现出欣欣向荣的态势。当然，B2C 在整体发展上并未完全成熟，还存在着一些不足之处，这些缺陷也是不容忽视的。

从总体上看，B2C 电子商务在现阶段呈现出以下特点。

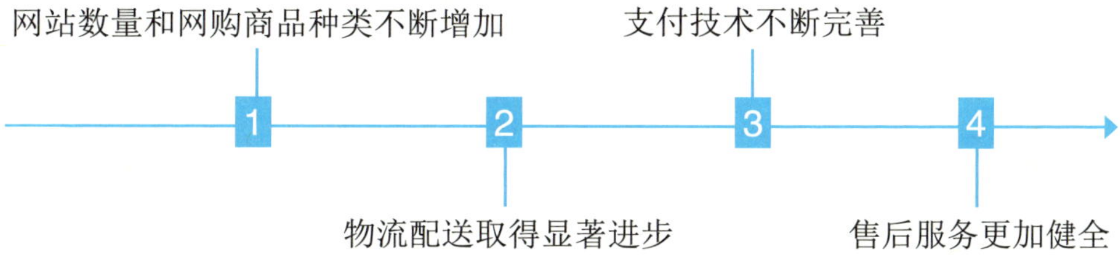

1. 网站数量和网购商品种类不断增加

B2C 电商网站的数量在近些年不断增加，而且经营产品种类不断增多，在种类上基本已不受限制。但是我们也应该看到，网站的总体商品质量管理还存在缺陷，某些服装、小家电等商品还存在质量不过关的问题，这些问题在一定程度上降低了消费者的购买和服务体验。

2. 物流配送取得显著进步

B2C 网站的物流配送往往分为自建物流模式和第三方合作模式。在这两个方面，B2C 电商都取得了长足进步，高效快捷的物流配送服务更是提升了消费者的购物满意度。但是与此同时，标准化水平低、高峰期配送不及时、丢件等情况依旧存在，并成为制约物流配送服务取得更大进步的重要阻碍因素。

3. 支付技术不断完善

很多在线支付方式和相关支付技术的产生和发展，使消费者的网上购物变得更加快捷高效。当然，网络支付安全问题依旧是制约网购发展的关键阻碍，需要我们在相关技术上继续努力研究，不断实践，以求在最大程度上解决这个问题。

4. 售后服务更加健全

越来越多的电商企业和团队开始重视产品的售后服务，并为此投入了大量的资源，大多数企业更是为售后服务做出了专项承诺，建立了完善的售后服务链。这些举措使售后服务体系变得更加健全，在很大程度上满足了消费者对于售后服务的相关需求。

从上述现状来看，B2C 电子商务已经处于高速发展的重要阶段，并在这个过程中得到了广大企业和商家的重视，其发展潜力巨大。然而，我们在认清这种总的趋势的同时，也要看到B2C依旧存在的商品及服务质量、物流配送、支付体系等相关问题。因为只有在行业规则与技术领域不断努力，将这些问题一一改进与完善，B2C 才会在健康、高速发展的“快车道”中走得更远。

3.1.4 B2C 电商的优势和劣势

凡事有利必有弊，对于 B2C 移动电商来说也是这样，既存在优点，也存在缺陷。从总体上说，消费者的购买环节十分高效快捷，这是B2C 的优势所在；而 B2C 电商在业务流程方面则存在局限性，降低了消费者的体验感，这就是其劣势所在。

1. 优势

对消费者	• B2C 移动电商有效减少了交易的中间环节，交易成本得到了较大幅度的降低，消费者能够以较低的价格购买商品
对企业	• 手机直销和中介平台销售模式，有效降低了渠道的作用，能够使企业在最大程度上减少中间环节的制约，降低产品出售价格，提升销售额，增强市场竞争力 • 在移动互联网时代，消费者可以在线获取技术支持，这就减少了企业的技术支持费用，降低了企业的技术成本

2. 劣势

服务缺乏互动性和个性化

- 很多 B2C 移动电商平台在服务方面存在功能相似的问题，而且缺乏创新和个性，这就使得此类平台对消费者的吸引力不够大，很难培养消费者的忠诚度，使消费者进行重复消费

业务流程的局限性

- 在一般情况下，某些移动 B2C 业务流程还可以通过线下商务活动来完成，而且效率更高，更具吸引力，这就使得更多的消费者从线上转到线下，降低了 B2C 网站的使用人数和经营利润

3.2 B2C 移动电商的行业特色

B2C 移动电商在其发展过程中，呈现出很多独具特色的发展特点，这些特点既体现出 B2C 移动电商与其他电子商务模式的不同之处，也表明了它在具体发展过程中的优势。

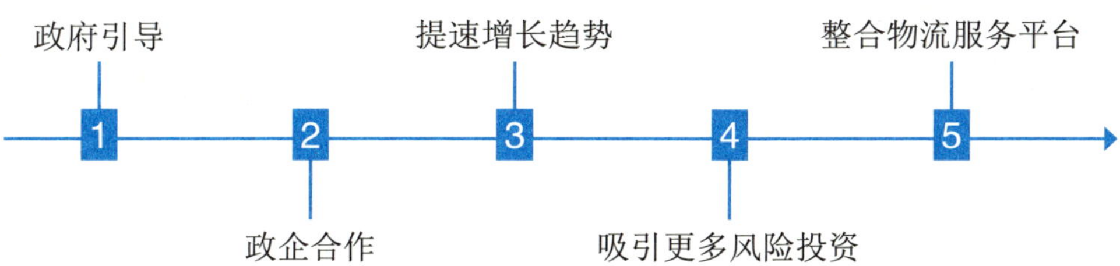

1. 政府引导

从 2008 年开始，政府开始加强对电商领域的投资，其目的在于引导电商行业取得更加快速、更加健康的发展。其具体政策主要包括以下两个方面。

政府通过以上两项政策，将大量资金用于发展电子商务。2008 年年底，在政策支持下的“正佳网”正式在广州开业，说明政府加大了对电子商务的扶持力度，这缓解了影响相关行业继续发展的资金问题。

2. 政企合作

企业具有与政府进行合作，完善电子商务支撑体系的意愿，而政府也乐于通过与企业进行合作，进一步加强对电子商务市场的支持和宏观引导。其中，双方合作的重点就在于网上支付信用体系的建设。

在这个方面，支付宝与中国建设银行合作，共同推出了支付宝卖家信贷服务，这对于加强第三方支付公司的信誉保障很有助益，是双方合作的一次有益尝试。

3. 提速增长趋势

近几年来，电子商务的整体发展持续走高，增长率基本稳定在 40% 左右，每年国内大约有 70% 的贸易额是由 PC 端和移动端交易完成的。在这种情况下，投资者对 B2C 行业的青睐度有增无减，B2C 行业在电商市场中的份额更是有不断增长的趋势，其中有一些领域，如 IT 数码领域、家居建材领域等，更是成为未来数年内的发展热点。

4. 吸引更多风险投资

随着电子商务与各行业间联系的不断深化，一大批传统行业的细分产品，如母婴用品、IT 数码产品、珠宝、建材等，开始进驻 B2C，并取得了很好的发展。这种现状使得 B2C 成为很多企业在电商领域的重要选择。凡客、麦考林分别获得 2000 万美元和 8000 万美元的资金投入，就是这种情况下的重要体现。

B2C 良好的发展态势与大众对它的持续关注，使得 B2C 开始成为电子商务行业中的重要细分行业，基于此，B2C 电商将在可以预见的未来吸引到更多的风险投资。

5. 整合物流服务平台

完善物流服务体系需要政府对物流资源进行全面的整合，建立物流公共信息平台。从这方面来看，国内现有的相关平台，如国内物流交易中心、厦门物流公共信息平台等市级平台，已经无法满足全面整合的需求。

在这种情况下，政府更应该借助政策、软硬件建设等方式，建立全国化甚至国际化的电商类物流服务平台，以此达到充分整合物流资源，完善电商服务体系的目的。

3.3 B2C 移动电商的成功模式

在一般化的理解中，B2C 移动电商就是指利用手机在网上进行购物。但是这种理解却是十分片面的，它无法完全表明 B2C 移动电商的特性和发展潜力。如果想对后者有一个全面清晰的认识，就要从 B2C 移动电商的几个典型成功模式说起。

3.3.1 天猫的服务模式

“天猫”是 B2C 平台型商城的典型代表，其在 B2C 领域的地位很高，基本没有竞争对手能够与之匹敌。

特色

- 较广的行业跨度
- 较多的同类竞争对手
- 主要为商家入驻
- 入驻商家负责物流环节
- 入驻商家直接收取付款
- 入驻商家能够对产品进行直接竞价排名

优点

- 拥有现有流量
- 极高的平台知名度
- 较大的物流渠道选择余地
- 市场自由度和灵活度高，入驻商家可以根据需要随时调整商品种类和售卖策略
- 整体收入较为稳定

劣势	• 商城战略变动容易引起商家的集体抵制，增加内部纠纷的可能性 • 早入场者占据优势较大 • 平台功能限制较大 • 总体盈利较少 • 缺少核心数据支持

天猫的模式很像是线下的购物商场，它不负责具体卖货，而是为商家提供卖货的平台，自己收取租金之类的费用。当然，如果商家在经营过程中违反了天猫的规定，天猫就有权利对商家进行惩罚，比如增加租金，将商家赶到淘宝平台等。

这种模式购物群体庞大，网站平台稳定，还拥有较为完善的支付体系和安全体系，对于买家和卖家来说，都能够得到很好的商业服务。这也是它能够取得成功的重要原因。

3.3.2 京东的自主模式

京东，这个令大众耳熟能详的名字，2014 年正式上市，成为继中国互联网巨头 BAT 之外，又一个上市的互联网巨头。作为国内规模最大的自营式电商企业，京东无论是在销售量、知名度还是在业界的影响力上，都处于领先地位。

京东开展的主要业务有以下几种。

京东开展的主要业务

- **京东商超**：京东商超上线后各类商品达到 5000 种左右，商品范围包括食品、调味品、饮料等多种与消费者日常生活息息相关的产品
- **京东支付**：京东与支付公司联合推出了京东快捷支付服务。此类服务需要消费者首次使用时输入银行卡信息和身份验证信息，二次使用时只要输入手机验证码就可以完成支付
- **京东云**：京东云是依托于京东商城的电商云平台，它的建立是为了构建一个完善的电商云生态系统
- **京东微店**：京东微店是一种移动购物解决方案，它是在京东商户平台、微信公众平台以及微信平台本身的基础上建立的

京东商城与乐购、沃尔玛等大型超市有相似之处，它们都是通过引入货源来开展自主经营的。它的优点就在于多样化产品能够带来高额利润，而且它能够根据市场和企业的情况变化，随时进行产品策略上的调整；而它的缺点则在于内部机构过于庞大，需要扩充产品种类时会变得很不灵活，而且在这个过程中很容易与供货方产生矛盾。

3.3.3 凡客诚品的自产自销模式

依靠大量投放网络广告以及呼叫中心的拉动作用，凡客诚品快速崛起。再加上强大、完善的配送系统和引人眼球的签约明星效应，凡客诚品的发展

动力更足，销售量的增长率一直保持在较高水准，已经在同类型行业中取得了远远超过同行的特殊地位。

凡客诚品的模式与现实中的特步、耐克等专卖店很像，都是通过自己生产产品，然后自己销售的模式展开经营活动。它对于整个产业链条的控制力很强，因为从产品的开发、生产环节一直到营销销售环节，都由凡客诚品自己掌控，它甚至可以借助这种掌控优势，在产品开发环节设立目标利润，而不必受供货方的限制。但是它的劣势也很明显，那就是很难对公司的经营品类进行扩充，与天猫、京东等大型综合类线上商城相比，凡客诚品的商品资源劣势十分明显。

如今，凡客在经历过发展的高峰之后，转入发展颓势。生产线紧张、资金短缺以及库存过剩的现象愈发突出，这些都成为制约凡客发展的重要因素。而商品种类单一化的限制，又使其在长远的发展布局中很难同天猫等综合化巨头一争长短。从这些情况来看，凡客要想扭转这些不利情况，在新时代中实现进一步的发展，显然是任重而道远。

3.4 B2C 移动电商的发展策略

对于 B2C 移动电商而言，如何打造令人耳目一新的品牌，以及持续满足消费者不断变化的购物需求，是其开展营销活动的重要目标。要想取得良好的营销效果，增加经营收益，B2C 移动电商就要掌握一系列有效的方法和措施。

3.4.1 剔除法

对于 B2C 电商而言，库存和物流是两个需要投入较高成本的环节，很多人认为这两大环节所需投入的成本是不能被剔除的。但是实际情况真的如此吗？其实不一定，因为只要换一个经营思路，通过“避实就虚”和“整合规划”的方法，就可以对库存和物流成本进行剔除，从而有效降低 B2C 电商的经营成本。

01 在销售产品选择上，放弃实物类产品，选择信息类产品

02 如果需要进行实物类产品销售，就要整合周边资源，做到最优化整体配置

上述第一种方法，可以使库存和物流环节得以完全剔除，但是对于某些商家来说这并不合适，而第二种方法则有很多种选择，比如在各大城市建立物流配送点和储存点，形成一个完整的配送网络和储存网络，或者与实力较强的物流公司合作等。我们需要根据自身的实际情况和 B2C 电商市场发展的需要，从上述两种方法中选出适合于我们自身的那一种。

3.4.2 创造法

创造法很讲求创新服务和完善体验，对于消费者来说，如果商家能够为他提供高效快捷的相关服务和出色的购买体验，那么他就有很大的可能去购买商家的产品。具体来说，创造法有以下两种方式。

导购咨询服务：合理且富有针对性的导购信息可以使消费者对产品形成一个客观、整体化的认识，从而使他更愿意进行购买。这种人性化的导购咨询服务，可以在很大程度上满足消费者的选购需求和相关服务体验

购物文化体验：很多购物网站都缺少一种令消费者满意的购物氛围，这种氛围就是购物文化。它的意义在于，除了使消费者在网站购得满意的产品外，还要使他得到出色的文化体验享受。比如 700Bike，在其官方商城除了产品信息外，还有骑行故事、互动交流等版块，这就是一种典型的购物文化展现

3.4.3 增加法

很多 B2C 网站在支付方式选择上过于简单化，它们的经营者往往认为选择两三种简单的支付方式就够了，其实这种想法是十分片面的。

支付方式一定要多样化，只有这样才能做到足够快捷，而这种快捷性又直接决定了消费者是否愿意实施购物行为。例如，中国 SP 行业如此火爆就与其方便快捷的支付服务密不可分。

因此，商家在做 B2C 网站时，一定要尽量多地增加支付方式，要使其超过一般标准，只有这样，才能满足消费者对支付环节快捷性和多样化的需求，从而使商家取得良好的产品售卖成绩。

3.5 B2C 移动电商的窘境

B2C 电商在短短数年之内取得了爆炸式的发展，吸引了无数人的眼球，无论是天猫、京东，还是当当、凡客诚品，都取得了令人羡慕的成就，成为各自领域的领先者。但是，凡事都有两面性，烈火烹油的大好局面之下，B2C 电商也面临着一些窘境，如何解决这些问题，实现更快速、更健康的发展，是每一个 B2C 电商从业者都应该认真思考的事情。

3.5.1 资金短缺

作为消费者，我们当然希望 B2C 网站上的商品种类更加丰富，这一点无可指摘。然而对于 B2C 网站的运营者来说，为了满足消费者的这种需求，就需要投入大量资金，不断丰富商品种类。

看起来这似乎没有问题，可是实际情况是，大多数 B2C 电商的资金都来源于风险投资，其自身的资金实力相对较弱，而在充实货源之后，其账户资金往往就会捉襟见肘，导致没有足够的资金去做相关的运营工作，在这种情况下，B2C 电商就会陷入经营艰难的境地。

3.5.2 模糊化定位

B2C 电商的模糊化定位包括以下三个方面。

1. 商品定位不准

很多 B2C 电商在其初始运营阶段，没有对商品进行准确、有效的定位，而是一味追求尽量多的商品种类，这种做法会使客户对 B2C 网站形成模糊化的商品售卖印象，不利于电商品牌的形成。须知一些著名的 B2C 电商网站，在开始阶段也是有自己的主打商品和服务种类，并以此为依托形成品牌，进而扩大经营范围的。如唯品会以品牌服装起家，当当以图书起家等。

此外，商品种类的增多必须有较为完善的物流配送体系的支持，B2C 电商在开始阶段往往综合实力较弱，很难建立健康有效的物流体系，强自为之很容易造成经营和管理上的混乱。

2. 客户群定位不准

流量是影响 B2C 网站经营的重要因素，但是无用的流量不但对商品的售卖毫无益处，而且会造成很大的浪费。比如 B2C 网站主营商品为华为系列手机，但是我们却吸引了大量想要购买苹果手机的客户浏览网站，这时销售转化率就会变得极低，甚至于为零。

3. 价格定位偏高

零库存是 B2C 电商的终极追求。因此，尽量减少库存商品数量，客户下订单之后再拿货，成为很多 B2C 电商的重要经营策略。但是这种情况却带来了一个负面影响，那就是由于订货量较少，供货商方面会给出一个较高的进货价格，从而增加 B2C 电商的投入成本，而成本的增加又会使 B2C 电商在商品价格定位上普遍偏高。

上述情况使得 B2C 电商在同行业中的竞争力变弱，毕竟很多客户在进行购买时还是很看重价格因素的，价格较高的商品很难得到他们的青睐。

3.5.3 支付问题

移动端支付是移动端购物的重要特点，如支付宝、微信支付等，都是目前较为流行的移动端支付方式。但是这些支付方式还很不成熟，无论是规模上还是技术上都存在着较大不足，影响着 B2C 移动电商的持续发展。

此外，很多第三方支付平台具有直接支配交易款项的功能，但又缺乏政府和银行产业的强力保证，这就导致越权调用交易资金的可能性一直存在。对于网上交易的双方，尤其是购买方来说，这种可能性意味着很大的安全隐患。

3.5.4 法制漏洞

B2C 移动电子商务发展迅速，呈现出一片欣欣向荣的局面，但是在大好局面之下，同样呈现出一定的混乱倾向。

法制漏洞

1. 某些商家为了降低经营成本，规避政策风险，将本该由自身承担的信用风险转嫁给交易的卖方和买方
2. 某些商家通过采取不正当的手段，如扣押交易款项、故意泄露客户资料、发布虚假错误信息等，来追求利润的最大化
3. 某些卖家在卖货时以次充好，或收钱不发货；某些买家无故取消已提交的订单，给卖家造成损失

上述种种混乱现象的发生，在很大程度上是由电子商务法规和信用机制不健全引起的，此类法制漏洞是阻碍 B2C 电商持续健康发展，导致消费者对 B2C 网购心存疑虑的重要原因。

Part4

创业模式三

移动电商创业之 C2C 模式

4.1 移动时代的 C2C 电商

C2C 电商作为现代电子商务中的典型代表，发展势头十分迅猛，以淘宝为代表的一批 C2C 电商网站的兴起，更是对我们的社会生活产生了深远影响。其中一个很重要的变化就是我们足不出户就可以通过 C2C 网站买到很多我们想买的商品。在移动互联网时代，C2C 电商又产生了新的变化，它变得更加快捷高效，进入门槛更低，可以为买卖双方提供更好的交易体验和相关服务。

4.1.1 C2C 的商业概念

所谓 C2C，就是指“客对客”，具体是指个人对个人开展的电子商务活动。买卖双方交易的场所是独立于双方之外的 C2C 电商平台，此类平台负责提供信息推送、查询、支付、物流等服务，从而保证交易活动的顺利进行。

C2C 电商平台主要有以下几个特点。

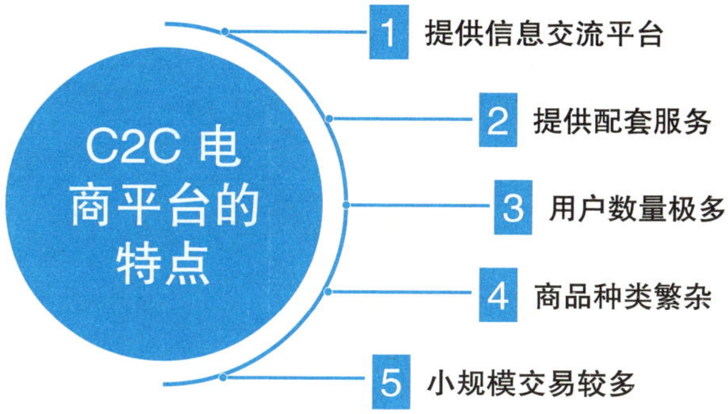

1. 提供信息交流平台

C2C 电商平台是一个充分体现互联网自由精神的电子商务平台，卖家和买家可以在这个平台上进行充分的沟通交流，在愉快的互动氛围中完成交易。

2. 提供配套服务

C2C 电商平台除了为买卖双方提供交流互动渠道外，还为其提供相关的配套服务。比如功能较为完善的支付平台，快速高效的物流配送服务，以及为买卖双方调解纠纷、进行仲裁等，以此来保证交易行为的顺利完成。

3. 用户数量极多

C2C 电商平台的对象是所有人，而且没有加盟入驻费用。这就意味着任何人，无论身份、年龄、性别，都可以成为卖家或买家，展开售卖或购买活动。甚至在很多情况下，用户在具有买家身份的同时，也具有卖家身份。

4. 商品种类繁杂

在 C2C 电商网站中，几乎可以找到任何商品，从日常用品到收藏品，从低端产品到高端奢侈品，应有尽有。但是在商品种类繁多的同时，商品质量也是良莠不齐，网站中既有正品和品牌产品，也有仿冒产品和破旧产品，令人眼花缭乱，很难分辨真伪。

5. 小规模交易较多

在 C2C 网站上进行交易的买卖双方往往是个人，每次交易的数量和规模有限，因此 C2C 网站上的交易以小规模业务居多，广大卖家更多地采取“薄利多销”的方式来盈利。这也是 C2C 电商一个很重要的特点。

4.1.2 移动 C2C 电商的兴起原因

随着电子商务的不断发展与成熟，移动 C2C 电商的地位显得愈发重要。这是因为随着传统 C2C 电商局限性的凸显（物流配送不到位、卖家和买家缺乏诚信、支付方面存在缺陷）和移动端相关技术的不断成熟（移动支付技术出现、移动信誉体系建立），移动 C2C 电子商务逐渐成为商家和消费者更好的选择。

移动 C2C 具有灵活性的优势，可以满足卖家和买家随时随地开展交易活动的需求，因此受到了人们的普遍欢迎与认可。而且随着移动 C2C 电商平台的发展，一些健康、成熟的平台盈利方式开始出现，如会员费、佣金收入、增值收入、广告费用以及支付环节收费等，这也是移动 C2C 电商能够崛起并取得稳定发展的重要原因。

4.1.3 C2C 电商的设计要求

怎样才能设计出成功的 C2C 电商网站？这个问题令很多 C2C 从业者头痛，因为受资金实力和技术实力所限，他们很难自己设计网站。此时最好的方法，就是找到一家有实力的电子商务服务公司，令其为自己的网站做出合适的设计。

实地考察：正规的电子商务服务公司一定有自己固定的办公场所，所以在寻找相关公司进行合作时，必须进行实地考察，确认公司是否正规

留意获奖情况：在进入服务公司的办公场所后，我们要留意其获奖证书情况，这可以在一定程度上展现公司的专业实力

参考设计实例：除了留意获奖情况之外，我们还需要服务公司提供其设计实例，从中了解设计公司的实力和设计风格

价格因素：在设计价格方面，我们要进行多家对比，从中找出符合自身资金实力、物有所值的设计公司

4.1.4 C2C 电商的设计标准

C2C 电商网站在设计时需要遵循一定的标准，这样才能设计出美观实用的 C2C 网站，吸引用户的注意，取得良好的引流效果。

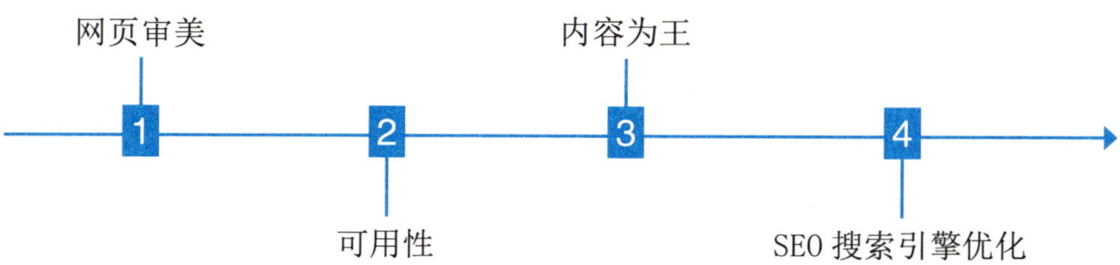

1. 网页审美

我们在进行网页设计时，切忌故弄玄虚，以炫目、怪异的风格来吸引眼球，因为这种做法并不符合大众的审美观，甚至会引发大多数人的厌恶。正确的做法是以专业的方式展现具有特色的产品信息和服务，并将艺术亮点融入其中，以求给客户留下深刻的第一印象。

2. 可用性

客户进入 C2C 网站，是希望得到良好的服务体验，所以我们在设计网站时，要突出实用性特点，把商品搜索、比较等相关服务设计得更为便捷，以求在最大程度上满足用户的体验需求。

3. 内容为王

我们要把最有价值的信息展现给客户或潜在客户，比如重点商品推荐、特价商品推荐等，并将此类内容做得新鲜有趣（图文结合、软文等），以此引导客户去选择和鉴定商品，并使他们相信此类信息的真实有效性，从而产生购买行为。

4.SEO 搜索引擎优化

通过各种设计元素对网站进行 SEO 优化，可以使搜索引擎的搜索结果更为高效、精确，以此来提升 C2C 网站的营销价值。

综上所述，网站建设对于 C2C 电商来说意义非凡，是客户对 C2C 电商最直观有效的了解途径。C2C 电商需要牢记上述四大标准，以此为基础，设计出一个兼具审美、内容、实用和营销价值的专业商务网站，以满足客户对于网站体验的需求。

4.1.5 移动 C2C 电商的未来发展

在移动互联网时代，无论是手机购物监管制度，还是社会信用体系，都在不断完善。这就为移动 C2C 电商的发展提供了良好的条件，并使其在快速发展过程中积累了很多的用户和相关市场资源。

从总体发展趋势来看，移动 C2C 电商正由高速发展期向稳定成熟期过渡，在这一过程中，它有以下几个具体的发展倾向。

移动 C2C 电商的发展倾向

1. C2C 海外代购稳定发展
2. 盈利模式多元化
3. 差异化竞争倾向
4. C2C 与 B2C 等模式融合
5. 社交核心化战略

1.C2C 海外代购稳定发展

C2C 海外代购模式的发展依旧稳定，而且在 C2C 市场商品种类繁多、竞争无比激烈的情况下，这不失为一种很好的差异化竞争措施，可以保证较为稳定的收益。比如海外奶粉、海外奢侈品等，就很受目标消费者欢迎，能够为代购商带来较大的利润。

当然，从目前 C2C 市场的总体发展情况来看，C2C 海外代购依旧作为一种市场补缺模式出现，很难对市场的整体态势造成影响。

2. 盈利模式多元化

移动 C2C 电商并不仅仅作为交易平台出现，它还掌握了海量移动用户的相关数据，比如用户的购买路径、消费习惯等。这些数据中蕴含着巨大的营销价值，可以开发出多元化的盈利模式。比如利用此类数据进行精准营销，提高目标客户的销售转化率等。

3. 差异化竞争倾向

移动 C2C 电商平台间的竞争并不仅仅限于商品竞争，还包括人气、信息流、物流以及资金流等各个方面的竞争。在这种情况下，充分利用平台自身的相关资源优势，实现差异化竞争，是移动 C2C 电商的重要发展方向。

4.C2C 与 B2C 等模式融合

C2C 在其发展过程中，逐渐呈现出与 B2C 等不同模式的融合倾向。比如，为了实现更进一步的发展，获得更好的经营平台和相关资源，很多 C2C 个人商家开始成立自己的企业，积极向着 B2C 模式转变。

5. 社交核心化战略

社交属性是移动电子商务的重要组成因素，而将社交作为移动电商长期的发展核心，已经成为业界的共识。在移动互联网时代，社交不仅包含朋友间的个人社交，还包含了品牌感和人文精神的社交，涵盖面非常广，是商家和企业开展经营活动的重要前提。

4.2 C2C 移动电商的购物流程

C2C 网站数量很多，其购物方式大多类似。接下来，笔者就以淘宝网为例，介绍一下 C2C 网站的具体购物流程。

4.2.1 平台搜索

搜索是购物的第一个步骤，它包括以下几种方法。

需要注意的是，淘宝的搜索引擎对英文字母不进行大小写区分，所以无论是输入大写字母还是小写字母，都能够得到同样的结果。

搜索的几种方法

确定搜索词

- 只要确定了商家店铺或商家本身的名称，在搜索引擎中进行关键词搜索，就可以得到所需的资料

用好分类

- 很多搜索框后边设置有下拉菜单，这里面有宝贝分类、限定时间等选项，选择需要的分类，就不会出现混淆的情况了。比如在搜“火柴盒”时，选择“居家日用”分类，就可以得到准确的搜索结果

↓

有效利用空格

- 如果想对多个词语进行搜索，就可以在词语中间添加空格，这样就可以得到需要的结果

↓

精确化搜索

- 在搜索时，如果在关键词中添加英文的双引号，就可以得到关键词连在一起的精确化搜索结果
- 在两个词语间使用加号，表示搜索同时包含两个词的内容；在两个词语间使用减号，表示不搜索减号后面的词语

4.2.2 与卖家联系

当找到需要的宝贝之后，下一步就是与卖家联系了。这样做可以对宝贝的细节进行充分了解，对货物的有无情况进行确认，从而增进买家与卖家间的友好关系，避免误会和纠纷的产生。

与卖家联系的方法分为以下几种。

1. 发站内信

站内信很像一些论坛中的短信息，只有买家和卖家双方能够看到。买家既可以在站内信中询问宝贝数量、细节等问题，也可以询问宝贝的打折信息。

2. 给卖家留言

宝贝的下方存在一个空白框，这是让买家留言的场所。买家可以在此处输入想要卖家回答的问题。需要注意的是，留言中的内容对所有人开放，所以买家最好不要输入手机号码、地址等私人信息，以免被不法分子利用。

3. 利用聊天工具联系

每家网站都会支持一种聊天工具，比如淘宝支持旺旺，拍拍支持 QQ 等，买家可以利用这些聊天工具，直接找到卖家，从而进行有效沟通。

4.2.3 购买流程

与卖家取得联系，找到自己想买的商品之后，接下来就是购买了。

具体操作步骤如下。

1. 购买商品前，先通过阿里巴巴聊天软件咨询卖家，解决相关疑问，确认没有问题后，选择“立即购买”选项。

2. 对收货地址、购买数量、运送方式等要素进行核查，选择“提交订单”选项。也可点击“货到付款”，则会等货物送达后再进行现场交易。

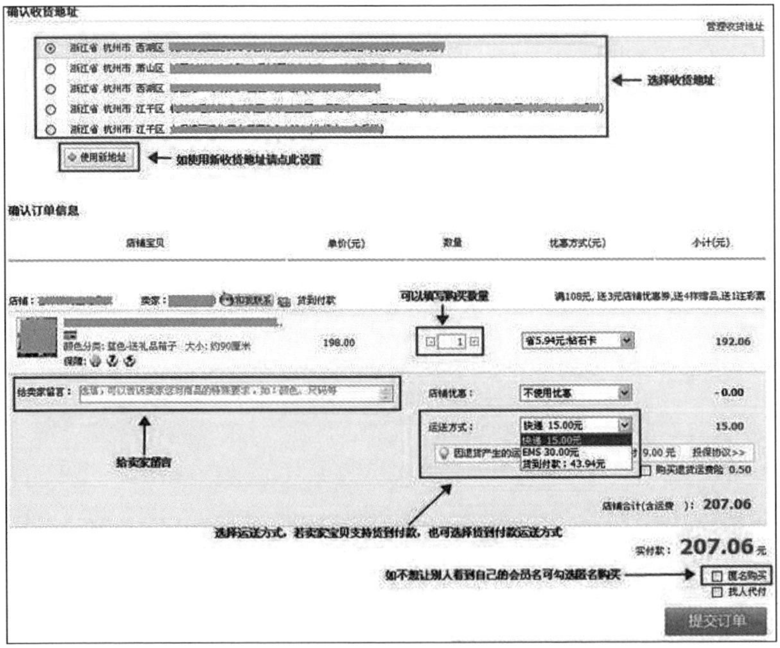

3. 通过“我的淘宝”—“我的首页”—“已买到的宝贝”顺序选项，可以查到相关交易记录，如果状态显示“等待买家付款”，卖家就可以对交易价格进行修改，只有当付款金额查核无误并选择“付款”选项后，卖家才不能改变交易价格。

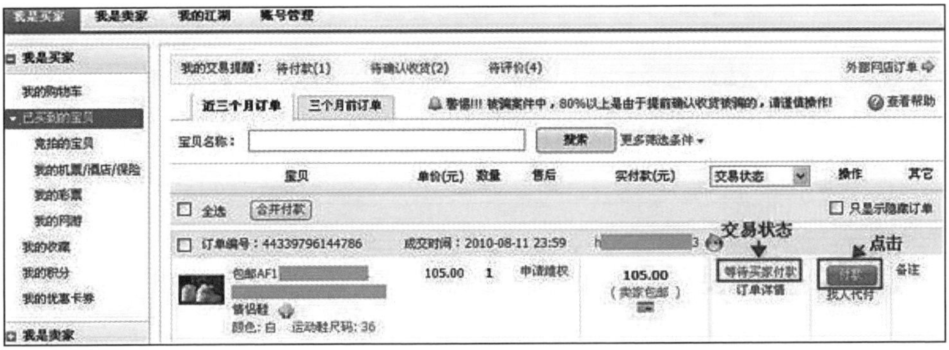

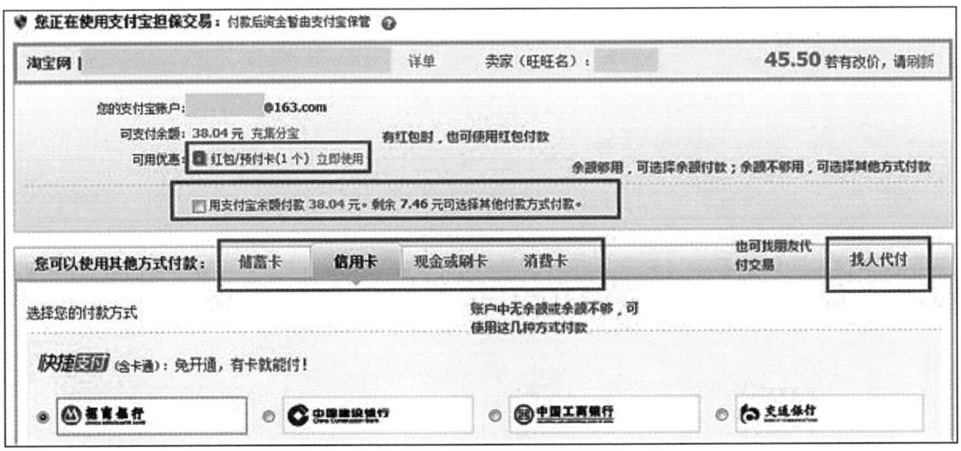

4. 付款成功以后，付款页面的交易状态显示“买家已付款”，此时就需等卖家进行发货了。

5. 卖家发货之后，显示“卖家已发货”的交易状态，等到买家收货之后，选择“确认收货”选项。

6. 将支付宝账户支付密码输入文本框，选择“确定”。如果交易状态变为“交易成功”，就表明交易已经完成。

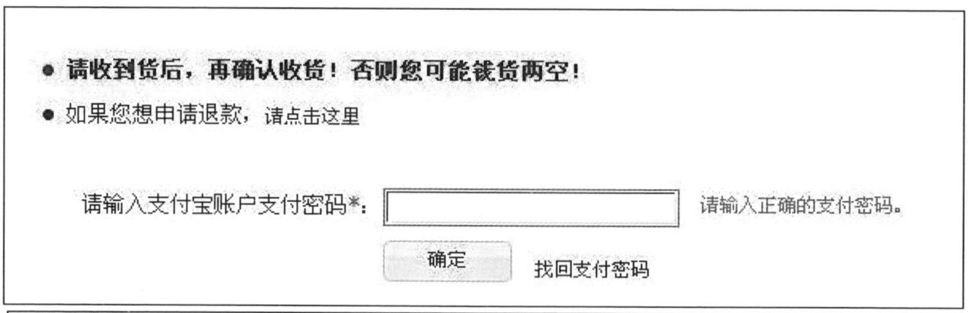

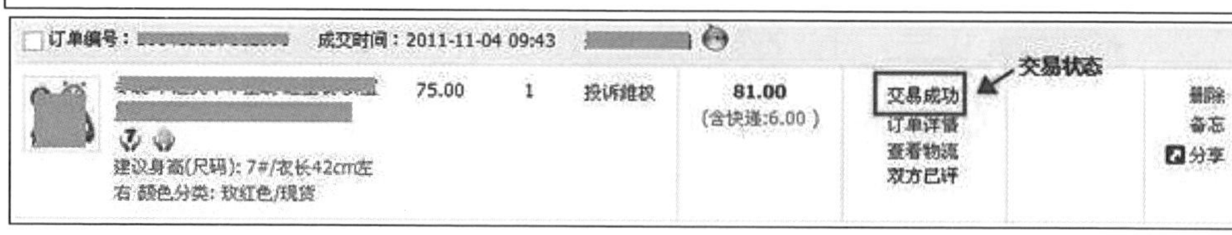

4.2.4 留下评价

买家收到货物时，如果对收货情况感到满意，就可以在确认收货后评价交易情况。一般来说，淘宝会主动提示买家进行回评。

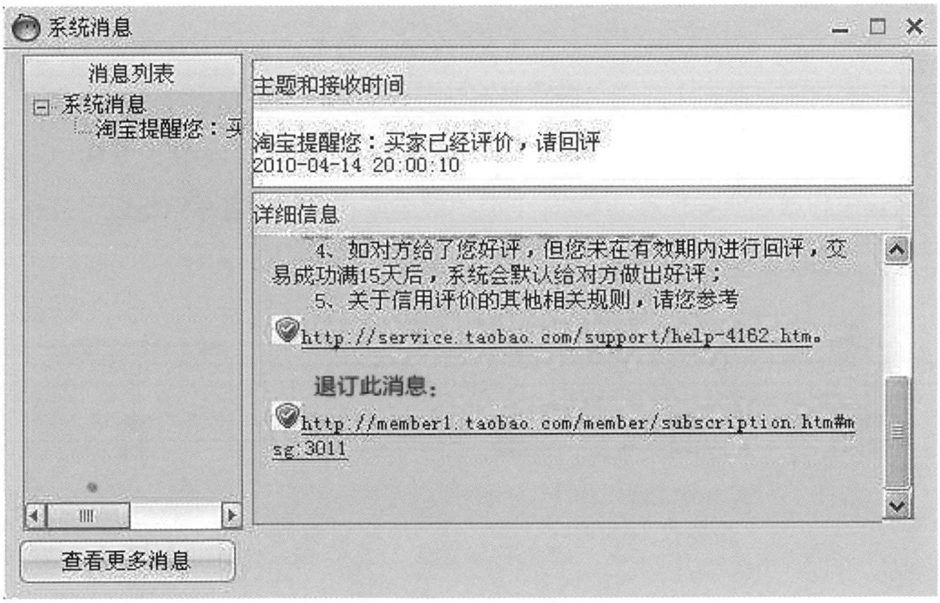

根据上图所示，点击相关链接，就会显示回评页面。一共有好评、中评、差评三等评价可供选择（好评：+1 分，中评：0 分，差评：-1 分）。买家可以根据自身的感受，选择相应的评价。

4.3 C2C 移动电商的盈利模式

移动 C2C 的购物模式具有灵活性的特点，这种特点使其交易过程变得简单方便，从而获取到大量用户的支持与认可，交易量保持在很高水平。但是，对于移动 C2C 的盈利方式，却一直是众说纷纭，没有一个明确化的目标。那么，到底该怎样做才能实现移动 C2C 电商的健康盈利呢？笔者总结出以下几种方式。

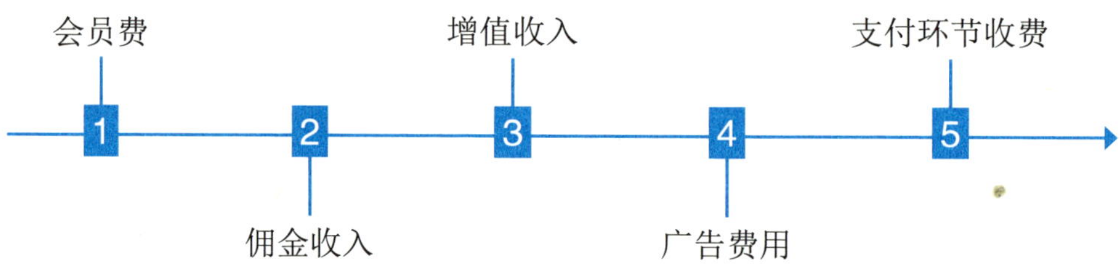

1. 会员费

会员费就是移动 C2C 电商平台向注册会员收取的服务费用，它包括网上店铺的租赁费用、公司认证费用、产品推荐服务费用等诸多方面，对于移动 C2C 电商来说，这是一种比较稳定的盈利方式。

2. 佣金收入

佣金收入的来源是买卖双方的交易提成，它是移动 C2C 电商平台的主要收益方式。而在交易中获得提成，又恰恰可以体现出市场的盈利本性。

3. 增值收入

增值服务在移动 C2C 电商平台中很容易见到，例如，分配商家店铺、搜索排名竞价、信誉增值服务等，这些服务可以很好地提升平台与商家的经营效率，增加盈利收入，因此受到了不少商家的支持，引起良好的市场反响。

4. 广告费用

移动 C2C 电商可以在网站平台上放置各种广告，然后根据网站流量、广告位置、目标客户群定位等因素确定广告价格，吸引有需求的客户进行购买。当网站的访问量很大，用户黏度也足够强时，广告收入会相当可观。

5. 支付环节收费

电子商务的发展一直受到支付问题的制约，直到支付宝出现，这种情况才得到一定程度的缓解。买家可以把款项打入支付公司的账户，等到确认收货后，再通过支付公司将款项转入卖家账户，这就为买卖双方的交易提供了一定的安全保障。支付公司可以在这个过程中，从交易额中按比例扣除一部分费用，当做支付手续费。

4.4 C2C 移动电商的成功案例

在当前的时代下，移动终端不断发展，移动互联网技术快速进步，这些都为移动电商的兴起创造了极为重要的外部条件。而在移动电商的所有类别中，移动 C2C 电商的发展势头极为迅猛，已经开始影响到我们生活的方方面面。接下来，就让我们看几个移动 C2C 电商的成功案例。

4.4.1 一骑绝尘的淘宝

淘宝作为 C2C 领域的巨头，其地位很难被其他 C2C 电商平台撼动，优势十分明显。以下几组数据就形象地表明了这一事实。

01 在中国 C2C 领域的整体市场中，淘宝所占份额已经超过 60%

02 淘宝平台的注册人数已经达到 5 亿人左右

03 淘宝平台每日固定访客的数量基本维持在 6000 万人以上

淘宝的入门门槛极低，几乎所有人都可以注册成为淘宝的用户，在淘宝网站上进行买卖交易。而商品种类的繁杂特性，使得无论是一把扫帚，还是一台电视机，都可以在淘宝上买到，从而极大地方便了人们的生活，使淘宝得到了大众的支持与喜爱。

当然，淘宝在处于优势地位的同时，并未停止自己的发展脚步，而是通过各种举措凸显其创新的能力和勇气。例如，收购口碑网，推出“全球购”频道，成为在电视台和路牌上推出广告的首家公司等。这些举措都是淘宝为了维持自己的领先地位，引领市场潮流的重要尝试。

但是，在领先的大好局面下，淘宝同样面临着一些问题，其中很重要的一点就是资金投入量过多，这给淘宝带来了很大的成本压力。在这种情况下，淘宝一贯实行的免费模式已经很难坚持下去，淘宝开始向入驻商家收取一定的服务费用，以此来减轻日益加大的资金压力。

尽管开始向收费模式进行转变，但淘宝前进的脚步却是从未停下。广大商家和消费者依旧对淘宝保持着很大的信任感和支持；移动淘宝也开始抢占移动端电商市场，这使淘宝开始进行 PC 端和移动端的双向布局。这些因素都是使淘宝实现持续进步，完成健康转型的重要保证。

4.4.2 快速发展的拍拍微店

拍拍微店是腾讯旗下拍拍网推出的一项全新服务，个人和企业都可以在拍拍官网申请开通。拍拍微店的优势在于，借助微信支付功能和微信社交平台，可以为 B 类商家和 C 类商家提供安全的交易环境和低成本的经营场所，是商家在移动端进行经营活动的上佳选择。

拍拍微店上线的意义十分重大，它不但代表了拍拍网在移动端的新一轮战略布局，而且通过借助 QQ、移动 QQ、微信等社交平台的巨大流量优势，可以使更多用户对拍拍微店进行关注，进而实现更大规模的用户转化。

当然，作为国内第二大 C2C 电商平台，拍拍网在 PC 端的流量优势也不容忽略，通过 PC 端二维码引流、网页专题推荐、微店优惠价等措施，可以将很多 PC 端用户引入拍拍微店，实现 PC 端向移动端的引流，进而形成两端互通，共同发展的良好局面。

4.4.3 新颖有趣的有赞

在 2014 年 11 月 27 日，“口袋通”正式改名为“有赞”。

“有赞”为商家提供了整套的低层店铺系统，使商家可以通过店铺和微信（微博）账号的绑定，使微信（微博）成为面向客户的重要出口。换一个解释，就是商家可以直接在微博（微信）上经营自己的店铺，客户可以通过微信（微博）App 直接进入店铺购买，从而满足了商家和客户双方对于交易平台的便捷性需求。

此外，强大的客户管理系统也是“有赞”的重要特点，商家在这一系统中，可以对粉丝进行分组管理，从而实现精准营销。

- **有赞服务商平台**：重点负责第三方服务，如代办账号、店铺构建、店铺运营等
- **有赞分销平台**：供应商可以在该平台招揽分销商，中小卖家则可以在平台上寻找供货方
- **微商城系统**：商家如果没有开通微信公众号，却有个人账号，则其可以在建成店铺后，将店铺信息分享到朋友圈，引导好友访问购买

- 商家如果开通了微信公众号，则其可以通过图文信息的推送，引导粉丝进入店铺

有赞联盟

- 有赞联盟能够帮助卖家得到订单和流量，在获取流量的同时按成交计费

除了上述功能之外，有赞还有很多有趣的营销应用功能，比如积分宝、砍价、口令红包等，这些功能可以使商家与粉丝展开更好的互动交流，从而取得良好的营销效果。

Part5

创业模式四

移动电商创业之 O2O 模式

5.1 移动时代的 O2O 电商

在移动互联网时代，我们在进行各种活动前，往往会掏出智能手机，使用各类移动应用服务。比如想要打车时使用滴滴打车，想看电影时团购电影票，想去唱歌时通过美团等软件预订 KTV 包厢。在移动端软硬件技术不断发展的现在，移动互联网与现实生活间的联系愈加紧密，连接线上与线下的移动 O2O 电商，更是对我们的工作与生活产生了深远的影响。

5.1.1 O2O 的概念解释

O2O 是英文短语 Online To Offline 的简称，翻译成汉语，就是指线上与线下商务模式的集合。一般来说，互联网会作为线下交易的平台出现，承担线上揽客、在线结算等任务；而线下店铺则可以为顾客带来良好的体验服务，促使线上交易更易达成。从这个角度来说，线上商务与线下商务更像是一种互相依存、互相促进的关系。

O2O 分为以下四种运营模式。

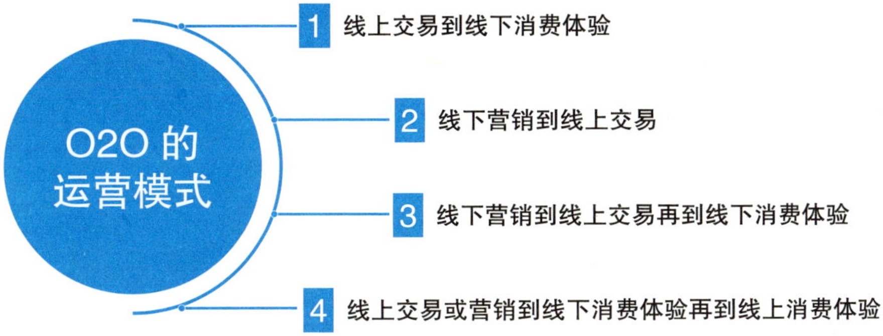

1. 线上交易到线下消费体验

这种方式十分常见，比如网上订购电影票，网上预订 KTV 包厢，以及其他生活类团购等，都是在线上完成交易再到线下享受相关体验服务。

2. 线下营销到线上交易

这种模式的代表就是风靡全国的二维码。在一些商家开展的二维码营销活动中，只要用户扫描线下二维码并关注公众号（微店），就可以得到赠品，并有很大概率进行线上购物。

3. 线下营销到线上交易再到线下消费体验

电信、移动等通信公司开展的网上充值业务，就是此种类型的典型案例。因为上述公司在某一阶段，会为了留住客户而开展从线下触发到线上交易再到线下体验的营销活动。例如，福州移动“找自己”活动，就是通过线下海报宣传，吸引客户到线上进行身份认证和答案认证，最后使用户去线下联盟商户处进行消费体验。

4. 线上交易或营销到线下消费体验再到线上消费体验

这种模式目前来说并不是很多，但却代表了一种 O2O 的重要发展方向。比如在某些美容论坛上，有时会开展一些线上的化妆品营销活动，吸引客户去进行免费的线下服务体验，如果客户对于体验效果感到满意，就可以通过网络完成交易。这种模式更能满足客户对于体验和服务的相关需求，是一种具有远大前景的健康模式。

5.1.2 O2O 电商的商业潜力

O2O 电商的商业潜力是十分巨大的。

之所以这样说，是有两个因素的影响。一方面是消费者对于线上交易与线下体验的综合性需求越来越高，另一方面是商务市场的需要——无论是单独的线上或线下，都已无法满足移动时代快速变化的市场需求，线上与线下的融合是大势所趋。

现有 O2O 电商的发展，大多集中于餐饮娱乐、汽车租赁、旅游等领域，如滴滴打车、美团就是其中的典型代表。但是对于 O2O 电商来说，在现有的市场条件下依然蕴藏着巨大的发展机遇，比如加油站、美食、美发、健身等行业，这些行业与现代人的生活息息相关，具有很大的人群基础，是开展 O2O 电子商务的重要方向。

另外，某些热门行业的细分领域中，也存在着深入挖掘的可能，如汽车配件、旅游食宿等。这种细化经营战略更易于打造极致化的产品和服务，从而在最大程度上满足目标人群的服务体验需求。

总而言之，O2O 电子商务的潜力远未耗尽，其对于传统企业、电商和移动电商的意义十分重大，如何更好地拥抱 O2O，实现线上与线下的优化组合，是企业和商家都应该认真思考的事。

5.1.3 移动 O2O 电商的发展方向

在移动互联网不断发展的现在，O2O 与移动互联网的结合愈发紧密，这是由移动互联网的独特优势决定的。

1. 相对于 PC 端网络，移动端网络的使用更为方便、快捷
2. 移动端网络具有全天候不间断上网的优势，商家可以通过微信等软件，随时随地与用户开展互动交流
3. 移动端网络可以通过定位功能确定商家和消费者的地理位置，对于双方来说，无论是吸引消费者到指定店铺还是寻找商家，都十分方便

基于上述优势，移动互联网的发展前景可谓一片光明，而依托移动互联网的移动 O2O 电商，也将成为很多企业和商家的战略重地。

从目前的发展阶段来看，移动 O2O 电商主要有以下三个未来发展方向。

1. 移动端品牌
2. 本地化经营
3. 差异化竞争

1. 移动端品牌

对大多数用户来说，智能手机是必需品，而电脑则不一定，两者的使用时间和使用频率存在较大差异，智能手机占据较大优势。而基于移动端的品牌一旦建立，就更容易得到广大用户的持续关注和支持，从而在较短时间内建立起产品和服务的品牌优势。

2. 本地化经营

移动端经营的一大优势就是地理定位高效快捷，而局限在一定地理范围内的本地化经营措施，可以在最大程度上发挥出这种优势。例如，在本市（或区域）经营水果的移动电商，因为距离近的优势，可以在较短时间内送达货物，既节省了物流配送成本，又提高了客户的满意程度。如果商品质量过硬，就很容易引发持续购买。

3. 差异化竞争

对现有领域进行细分，实行差异化竞争策略，是移动 O2O 电商很重要的经营策略。这是因为 O2O 消费群体一般具有较重的个性化特点，时尚因素和极致化的服务体验容易引发他们的关注，在这种时候进行与一般市场迥异的差异化竞争，更易避开强力的竞争对手，创造较好的经济收益。

5.1.4 O2O 电商的潜在风险

O2O 电商是一种线上与线下相结合的电商新模式，它为传统行业的电子商务化问题提供了全新的解决思路。然而，O2O 电商在发展过程中也逐渐显露出一些风险问题，这些风险问题如果解决不好，很容易对商家造成经营上的损失，因此这些问题不容忽视。

1. 线上黏度问题

若想做好 O2O，拥有大量具有黏度的线上用户是基础，只有在这一前提下，商家才可以顺利开展营销活动，将线上用户成功引到线下。但是从事实情况来看，线上用户的自由度极高，对于同一商家的忠诚度和黏度很难维持，即使商家投入大量资源，也很难起到好的效果。

2. 线下能力不足

在移动互联网时代，用户对线下体验的要求越来越高，线下能力的强弱已经成为争取用户支持、决定 O2O 模式成败的重要保障。但是对于大多数 O2O 电商来说，其资金实力往往有限，没有属于自己的线下体验店，更无法建立满足用户需求的线下服务体系。此外，很多 O2O 电商只是作为协调线上与线下的第三方中介出现，没有职权和能力掌控线下服务的质量，从而造成线下服务不达标、用户怨声载道等问题。

3. 缺乏整合能力

O2O 电商的线下合作对象大多是服务型企业，而国内的服务型企业却大多存在着管理混乱、服务质量较低等不良问题，这造成了线上信息与线下服务的严重不符。而如何更好地整合线上信息与线下服务，令两者间实现真正的平衡，是 O2O 电商面临的严重挑战。

由上述问题可以看出，O2O电商具有较高的经营起点要求，若想做好并不简单。商家需要在努力争取线上优势用户支持的同时，做好线下服务体系建设，将线上与线下进行正规化整合，以此来实现健康化的发展。

5.2 O2O移动电商的应用价值

O2O模式是一种将线上与线下优势全面结合，从而发挥出一加一大于二效果的电子商务模式。它可以使用户同时享受到线上优惠价格与线下贴心服务，在最大程度上满足用户对于购物与体验的需求。此外，不同商家的联盟也可以通过O2O模式来实现。

01 O2O模式对互联网跨地域、无边界、巨量信息和巨量用户的诸多特点进行充分利用，同时对线下资源进行充分挖掘，用这些手段将线上用户与线下商品服务联系起来，促成交易。例如，团购就是其中的典型代表

02 O2O可以准确统计顾客的消费行为，并对消费行为进行追踪和评估，以此吸引更多商家使用这一模式，为用户提供更好的产品与服务

03 在服务业中，O2O 具有价格低廉、方便购买等优势，而且可以将折扣信息及时传达给用户

04 O2O 有效拓展了电子商务的固有模式，使电子商务由传统的规模化模式发展为多元化模式

05 O2O 打通了线上信息与线下体验之间的壁垒，不但解决了消费者因信息不对称而出现的"价格蒙蔽"现象，而且能够满足消费者在购买前进行相关体验的要求

总而言之，如果将 O2O 模式运行好，就会起到"三赢"的作用。

本地商家

- O2O 模式有利于线上购买数据的收集，可以使商家更易做到精准营销
- O2O 模式使商家对店铺地理位置的依赖有所减少，这可以节省一部分资金投入

消费者

- 消费者可以得到丰富、全面和及时的商品折扣信息，通过此类信息，能够高效快速地筛选所需产品和服务

服务提供商

- O2O 模式可以为服务提供商提供很多黏性较强的消费者，从而吸引更多商家加入
- 掌握大量消费者相关数据，且具有本地化经营优势的垂直网站，可以通过 O2O 模式，为其他商家提供增值类服务

5.3 O2O 移动电商的经营策略

O2O 具有连接线上与线下的特点，而移动 App 应用也具有相似功能。这就说明移动 App 应用天然上具有使用 O2O 模式的优势，而 O2O 模式在移动端则具备非常广阔的应用前景。

O2O 移动电商的经营策略主要体现在以下方面。

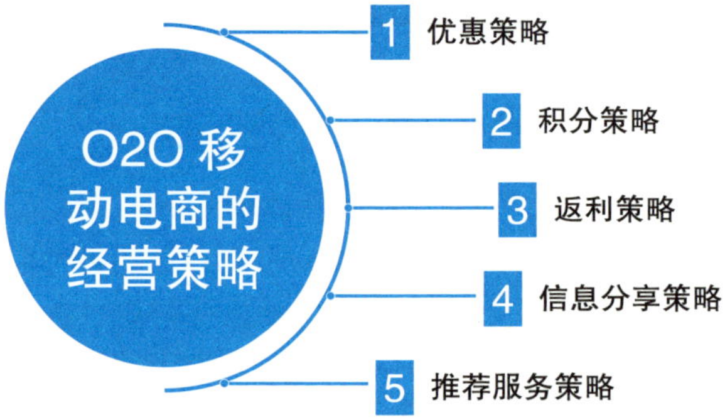

1. 优惠策略

优惠策略主要体现在对优惠券的运用上。优惠券是指顾客进行购物行为时，所享受到的折扣、优惠促销、赠送赠品等服务形式。这是一种应用范围最广、成效最为显著的经营策略。

2. 积分策略

积分策略是一种较为先进的商务运营手段，它在 O2O 模式中也很适用。

其具体应用方法包括以下几种。

积分策略的应用方法

- **购物送积分**：只要进入商家的店铺并产生购物行为，就送出可以兑换商品的积分。这种策略不但可以使犹豫的顾客打消顾虑，产生购买行为，还会促使其进行重复消费
- **宣传送积分**：一旦顾客对商品或店铺进行宣传推广，就可以赠送积分。比如顾客在朋友圈分享商品的照片，商家就可以赠送激励积分，以此来促使更多顾客进行裂变式传播
- **推荐送积分**：对于一些购买过商品的老顾客，商家可以通过积分换推荐的方式，促使他们成为商家的推销人员，在其圈子中推荐商品，进而为商家带来新的顾客

3. 返利策略

返利策略的重点在于现金返利，这是一种很容易激发顾客兴趣的经营策略。其具体方式是引导顾客开展商品推荐活动，每当其带来一个新顾客并成交时，就将商品利润按照一定比例分给他。这种做法会在最大程度上激发顾客推荐商品的积极性，起到很好的营销推广效果。

4. 信息分享策略

为消费者提供及时、全面的线上商品信息，并通过引导措施将他们从线上引到线下体验店，最后再通过线上支付的方式产生购买行为，是 O2O 模式的重要特征之一。这一形式的重点便在于信息分享，所以如何为消费者提供真实、有效、精准的线上服务信息，是商家开展经营活动的重要保障。

5. 推荐服务策略

商家先在服务平台上发布商品优惠信息，然后消费者通过移动端 LBS 推

荐功能，得到距离自己最近的店铺信息，一旦二者间产生重合，且消费者对优惠信息较感兴趣，消费者就很容易被吸引到该商家处进行消费。在这一过程中，O2O 很像是商家的宣传推广渠道。

5.4 O2O 移动电商的营销方法

O2O 电商与移动端联系日益紧密，衍生出很多具体的 O2O 营销方法。这些方法既符合移动端碎片化的经营特点，又结合了线上与线下的双重优势，很适合移动电商在营销实战过程中加以应用。

5.4.1 体验式营销法

若想实施体验式营销法，商家需从各个方面进行综合分析，比如内部发展情况、外部市场情况、竞争对手对合作伙伴实力、目标顾客定位、目标顾客喜好等。除此之外，那些影响到目标顾客行为和价值观的文化因素，也是商家需要慎重考虑的事情。只有将上述种种做到位，搭建一个完整、合理的体验式营销体系，才更容易起到良好的营销效果。

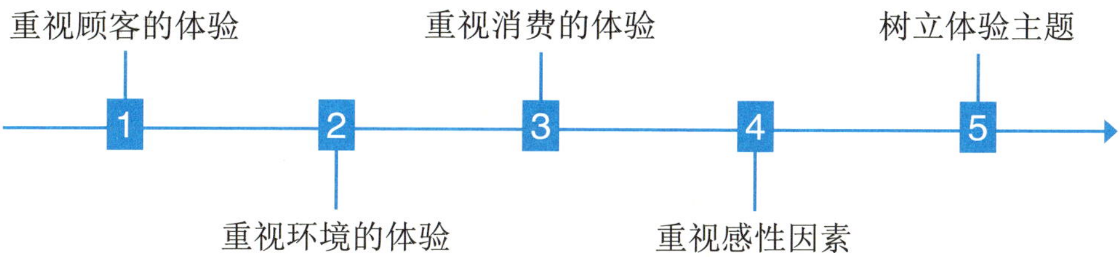

1. 重视顾客的体验

我们都有这样的经历：买衣服或鞋子时喜欢试穿，买手机或其他电子产品时喜欢试用。如果商家拒绝我们的体验要求，我们就不太可能去购买产品。这就是顾客体验需求的具体体现。

商家在开展经营活动时，需要站在顾客的角度，满足他们对于产品的体验需求，体现出自身产品和服务的体验价值。只有这样，才能引发顾客情感上的共鸣，使顾客愿意与商家进行有效沟通，从而更易产生购买行为。

2. 重视环境的体验

一杯咖啡的成本可能只有几元钱，但是当其作为商品在商店出售时，价格就会成为二三十元，而当其加入了“服务”的因子，在五星级大酒店出售时，价格甚至会达到上百元。这就是环境因素对商品价格的影响。

在不同的环境中，顾客对同等商品的价格接受度是不一样的。例如，有人在咖啡店喝咖啡，花上一两百元不会心疼，而当他在商店花上十几元购买同样的咖啡时，却会觉得不值得。商家在开展营销活动时，也要注重打造良好的购物环境与氛围，提高顾客的环境体验，这样会起到促进产品销售的良好效果。

3. 重视消费的体验

在商品同质化现象较为严重的今天，良好的消费体验服务已经成为影响顾客选择商品的重要因素。所谓消费体验服务，就是指通过售前、售中和售后全方位的良好体验，使顾客对商家的服务产生认同感，进而凸显出品牌的价值，提高顾客对品牌的忠诚度。

需要注意的是，消费体验服务需要将服务的各个环节做到最好，如果某一环节出了问题，比如售后配送不到位等，就会影响到顾客对品牌和服务的整体认知，使他拒绝再次购买。

4. 重视感性因素

顾客在购买商品时，既会有理性的考虑，也会有感性的选择。商家在满足顾客理性需求的同时，还要注重顾客的感情、文化类需求，获取顾客的好感与支持，从而起到出色的营销效果。例如，2003 年“老公，烟戒不了就洗洗肺吧！”活动，本质上是对清华清茶做的广告，但是广告内容却充满情感，动人心弦，打动了很多家庭主妇的心，起到了极好的宣传推广效果。

5. 树立体验主题

若想做好体验营销，就要为体验树立一个明确的主题，加深顾客对体验的相关印象。比如现在很常见的主题公园、主题展览会等，就是主题化体验的具体例子。

然而，主题并非随便确立的，它既要符合商家的经营特点和消费者的心理需求，也要凸显出一定的创新意识，吸引更多人的关注。比如可口可乐芬达的推广主题“开心看法在芬达”，就是抛开了口味上的因素，强调释放压力，开心快乐，从而提起了很多青少年和时尚人士的兴趣，起到了很好的营销效果。

5.4.2 直复式营销法

什么是直复式营销？美国直复营销协会（ADMA）对此的定义是：直复营销是一种为了在任何地方产生可度量的反应和（或）达成交易而使用一种或多种广告媒体的相互作用的市场营销体系。

当然，上述说法比较专业，如果用通俗些的语言来解释，直复式营销就是通过媒体手段，将商品相关信息定向传送给某个潜在客户，并对该客户提出立即订购要求的营销形式。

直复式营销具有以下几个特点。

01 商家在一定范围内对消费者进行筛选，找出具有潜在购买欲望的消费者，将他们拉进自己的数据库并做好后续跟踪培养工作，直至将他们发展为真正的客户

02 直复式营销具有定向传递信息的特点，所需费用较小，而且较易找到目标消费群体，从而做到精准营销

03 直复式营销的主要目的是销售产品，其每一次营销活动都有明确主张，要求潜在消费者做出一个反应动作，比如订购或不订购的回复，这就使商家能够知道此次营销活动的成效如何

04 直复式营销通过各种媒介传送消息，与潜在客户进行沟通，再通过物流完成后续交易。在这个过程中，不像传统营销那样需要地面终端支撑

需要注意的是，直复式营销具有定向化、精准化优势，很适合一些小众型产品品牌使用。而其所需投入较少，追求销售效果的特点，则对于中小商家来说很是适用。

5.4.3 情感营销法

在技术飞速发展的移动互联网时代，营销活动越发强调“走心”，也就是直击人心，引发人们的情感共鸣。商家需要从各个方面了解自己的客户，做出触动人心的营销内容，从而在潜移默化间宣传品牌和产品，让客户心甘情愿地接受商家的传播类诉求。

1. 利用场景，借势营销

移动互联网的发展为场景化营销提供了必要基础，商家可以通过构建与大众生活息息相关的场景，使营销贴近生活，从而赢取用户的好感与支持。例如，飞鹤乳业开展的“爱·没有距离”活动，就是借助春运的大背景，通过赠送免费 Wi-Fi，引导用户向亲友寄送“鹤”卡，通过播放《爱·没有距离》微电影等形式，将品牌巧妙地宣传出去，并使很多用户转化为品牌的支持者和传播者。

2. 情感互动

商家若想做好情感营销，就要拉近与用户间的关系，通过有效互动，找出目标用户的真实需求。例如，潘婷，就是对其目标用户——年轻女性进行深入挖掘，找出了她们的共性：渴望美丽生活，追求内心强大，并根据群体个性将她们分为不同类别：白领、年轻妈妈和 90 后。根据受众的不同，采取差异化的沟通与营销措施，从而引发目标用户的情感共鸣，起到了很好的营销宣传效果。

3. 人文关怀

好的情感营销，除了要有出色的创意外，还要彰显人文关怀，向社会传达积极的正能量。例如，可口可乐的“电话瓶盖”，就设定了一种特殊的模式：投递可口可乐瓶盖，可以在可口可乐专属电话亭打 3 分钟的国际长途。这主要是考虑了迪拜当地南亚劳工打不起电话的情况，显示出满满的温馨关怀。

人文关怀强调爱的传递，有利于塑造强烈的情感品牌，引发用户的深入互动兴趣，从而在不知不觉间产生良好的品牌宣传效果。

5.4.4 大数据营销法

很多人都听说过利用大数据进行营销的方法，但是他们对于其中的具体实施过程却不一定了解。其实，大数据营销法的核心，就在于“抓潜”二字，而“抓潜”的具体释义，就是指抓取潜在客户的信息。

1. 选择数据库工具

要想开展大数据营销，首要条件便是选择一个合适的数据库工具，例如，营销 QQ、QQ 群、微信群、微博等，然后利用这些工具与潜在客户进行有效的互动沟通，以便及时掌握他们的相关信息。需要注意的是，所选工具最好支持批量联系，而且可以根据自身情况结合使用不同的工具，以起到最优化的营销推广效果。

2. 分析目标人群的痛点

我们需要通过各种手段，分析产品适用人群的痛点，搞清他们的不同需求，以便做到精准营销。

老客户回访　可以通过对已买产品的老客户进行回访，掌握产品的使用信息与客户对产品的相关评价，以便做到富有针对性的改进

换位思考　商家需要站在客户的角度来思考问题，这样做有助于商家弄清客户的真实需求，及时找到客户的痛点

利用平台收集　通过搜索引擎、QQ 群等平台，可以收集到很多客户对于产品的评价类数据

3. 设计吸潜流程

当我们通过各种方法了解到潜在客户的痛点后，接下来就是设计有效的吸潜流程了。所谓吸潜，就是吸引潜在客户关注。我们需要在了解客户痛点的基础上，设计一些免费的趣味活动（比如抽签、有奖问答等），然后在客户参加活动的过程中，将他们引入数据库，从而收集大量的客户信息。

需要注意的是，尽管活动是免费的，但是一定要做好包装工作，使客户觉得此类活动对他们是有价值的。只有做到了这一点，才能起到较好的吸潜效果。

5.5 O2O 移动电商的运营实例

怎样实现线上用户与线下用户的对接，从而充分发挥出 O2O 的优势，是 O2O 移动电商需要认真考虑的事情。接下来，我们就从 O2O 移动电商的运营实例出发，看看 O2O 在各行各业中的具体应用方法。

5.5.1 大众点评网——电子会员卡

在移动互联网时代，大众点评网紧跟形势发展，推出了大众点评 App。该款 App 软件一经推出，就受到了很多用户的好评，尤其是其中的“电子会员卡”功能，因其有效连接线上与线下的特点，更是备受用户青睐。

所谓“电子会员卡”，就是指在 App 界面中“我的”标签下，选择“我的钱包”选项，就能够添加各类店铺的会员信息。“电子会员卡”为用户提供了极大的便捷，只要用户选择目标店铺，填写自身信息（姓名、生日等），然后提交，就能把“电子会员卡”加入自己的卡包，从而避免了实体会员卡携带不便、容易丢失等情况。

如今的时代，智能手机普及率极高，用户的消费信息、个人偏好等数据都可以通过移动端进行收集，从而使商家在大量真实数据的基础上进行有效分析，做到精准营销。而“电子会员卡”的出现，无疑是大众点评网为了方便用户，促使更多用户成为会员的有益尝试。这对于商家建立更为翔实的会员信息档案，通过线上数据实现线下精准营销，具有十分重要的意义。

5.5.2 百步淘——凸显 LBS 地理信息

百步淘，是在 LBS 地理信息的基础上，引导用户进行本地化消费的生活类 App。在这款 App 上面，可以看到用户兜售的各类闲置商品，有需要的买家则可以通过百步淘的地理定位功能，找到卖家进行当面交易。

百步淘的使用步骤如下。

百步淘的使用步骤

1. 初次启动百步淘的用户需要打开位置服务
2. 设立手机号码，方便买家联系
3. 使用拍摄功能拍下商品照片，并添加转让价格及相关描述
4. 买家在“附近”界面中找到目标商品，电话约见卖家，面对面交易

通过上述描述可以看出，百步淘有效结合了 LBS 地理定位和 C2C（客对客）的相关特点，将线上信息发布、地理定位和线下交易连接起来，为大众提供了一条极为方便、快捷的 O2O 应用途径。百步淘的出现，不但提高了用户的服务体验，使他们更易买到心仪的商品，而且为卖家和买家提供了丰富、实用的 App 功能，取得了双赢的良好效果。

5.5.3 好大夫在线——有效的线上转线下

"好大夫在线"是国内著名的医疗互动平台，在其多年的经营发展过程中，积累了大量的相关资源（专家 4 万名左右，各科大夫 30 万名左右），这使得它在同行业中取得了显著的优势地位。

2013 年，"好大夫在线"移动 App 增加了 LBS 地理定位功能。患者能够通过此功能，更快捷地找到口碑较好的医生，并使医生在线上留下的良好评价快速转化为线下的有效订单。而患者在治疗结束后，又能为医生带来更多、更好的线上评价，从而实现线上与线下的良性循环。

此外，"好大夫在线"还创建了针对医生的相关功能，可以使医生实现更为方便、快捷的线上互动问诊，不但节省了医生的问诊时间，而且加速了线上的口碑传播，使得订单转换的速度变得更快。

总而言之，"好大夫在线"App 是医疗行业 O2O+LBS 模式的成功典范，无论是从寻医、就医方面，还是从问诊服务方面，它都为医患双方提供了有效的医疗解决方案平台，使得线上与线下实现了良好的结合。

5.5.4 陌陌——信息与服务的融合

“陌陌”是一款基于移动端地理定位的社交类应用，用户可以通过“陌陌”与陌生人进行线上联系，并将陌生人发展为线下的真实好友。除了个人与个人之间的互动联系，“陌陌”的使用场景还集中在群体消费方面，例如，某群体对线下某商家的选择等。

陌陌的优势在于，我们可以通过它与附近的人进行即时互动，并通过地理定位功能与其进行真实碰面，这就极大地降低了社交门槛，使我们的社交活动变得更为随意、快捷。此外，“陌陌”推出的“附近活动”功能，可以使我们通过手机查看并定位周围商家举办的特色活动，及时地参与活动，并通过微信等社交软件及时分享活动信息，吸引众多好友前来参与。

“陌陌”的核心定位就是地理位置基础上的社交。用户通过分享并讨论生活信息、产品与服务信息等，实现本地化服务与本地化社交的结合，创造出信息流与服务流合二为一的效果。这也是陌陌能够取得良好成绩的重要原因。

Part6

创业实战

移动电商创业之运营模式

6.1 人才模式

移动电商要想创业成功，就要组建一支实力与凝聚力兼备的团队，并使每一位成员各司其职，形成强大的团队合力。而团队又是由不同的人才构成的，所以如何招募到需要的人才，让他们紧密地团结在一起，是移动电商必须重视的事情。

6.1.1 移动电商的招募机制

招募机制对于移动电商的发展来说至关重要，它决定了移动电商能否招到真正需要的人才，并使他们发挥出应有的能力，体现出应用的价值。

良好的招募机制应该包含以下几个方面。

1. 选择稳重的人

稳重的人办事比较牢靠，能够从全面的角度看待问题，处理事务也比较周全，往往能够为团队提供切实有效的发展建议，并在团队遇到问题时提供良好的解决方案，是移动电商较好的招聘选择。

2. 选择具有创造力的人

移动电商说到底是一种创新型的经营模式，它需要不断地创新，以此来保持足够的活力。而具有创造性的人才恰好符合这种特质，他们思维活跃，勇于开拓创新，往往能够为移动电商提供有价值的创造性意见，从而带来思维上的突破。

3. 选择精通移动网络的人

移动电商的经营依托于移动端，其对移动网络的依赖性极大。因此，那些懂得移动网络知识、对相关规则了如指掌的人才，移动电商必须及时予以收纳，使他们成为壮大团队的重要力量。

除此之外，懂得会计知识、公关能力强、具有较丰富销售经验的人才，也是很好的招募对象。移动电商需要根据自身的实力与现实发展情况，选择合适的人才，使他们能够形成团队合力，为团队的发展做出应有的贡献。

6.1.2 移动电商的培训方案

移动电商若想掌握全面、科学、有效的运营方法和营销技巧，提升现有的经营水平，创造出最大化的经济收益，就要重视培训工作，制订出合理有效的移动电商培训方案。

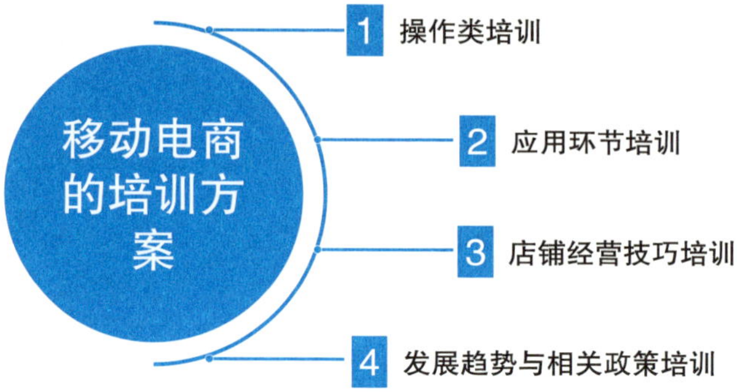

1. 操作类培训

此类培训是整个培训方案的基础，主要教授对微信、移动淘宝等 App 应用软件的操作方法，保证商家能够熟练使用相关软件的相关功能，从而做好日常的各类运营工作。

2. 应用环节培训

这是对商品售卖所有环节进行的培训，包括售前咨询类服务、售中支付环节、售后物流配送、跟踪调查等培训，是移动电商不可或缺的培训内容。

3. 店铺经营技巧培训

主要包括移动淘宝店、微店、微商城等移动端店铺的装饰与经营类技巧培训，对于在移动端开店经营的商家来说，此类培训十分重要。

4. 发展趋势与相关政策培训

除了上述具体方法和知识类的培训，商家还要掌握移动电子商务发展现状、主流趋势以及与此有关的政策类知识，这类培训有利于商家实现稳定运营，有利于他们在竞争激烈的移动端市场中站稳脚跟。

6.1.3 移动电商的绩效管理

对移动电商团队来说，绩效考核十分重要，只有制订科学、合理的绩效考核方案，做好绩效管理工作，才能有效激发团队成员的工作热情和向上动力，从最大程度上提高他们的工作效率，进而创造出优秀的团队业绩。

具体来说，移动电商的绩效管理可以概括为四个方面，即绩、能、德、勤。

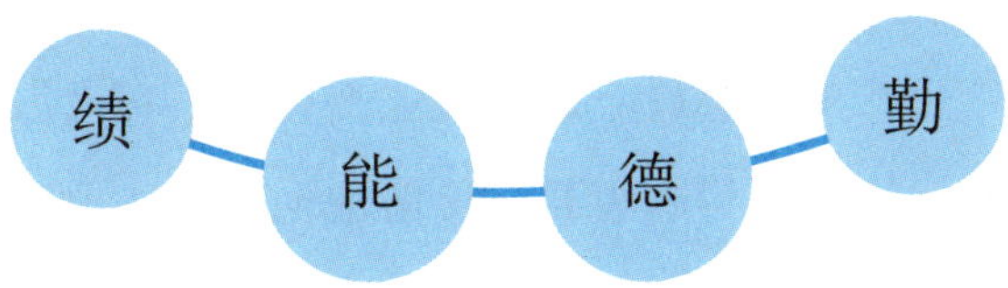

1. 绩

绩就是工作业绩，这是绩效考核的核心指标。对移动电商团队的成员来说，决定他们价值大小的根本因素，还是工作业绩。领导者应该根据成员做出的业绩大小，制定富有针对性的奖惩措施，从而对团队成员起到激励或警醒作用。

2. 能

能就是工作能力，它是绩效考核的重要指标。在很多情况下，具有更高能力的成员，往往能够创造出更大的效益，为团队做出更大的贡献；而能力不足的成员，往往就无法胜任现有的工作，甚至对整个团队的发展起到阻碍作用。

需要注意的是，在绩效考核中“唯能力论”是一种片面的观点。因为某些能力较强的成员会由于忠诚度、工作态度等问题，无法做出应有的贡献，甚至对团队经营产生负面影响；而某些能力较弱的成员通过不懈努力，就有机会得到较大程度的进步，从而创造出色的业绩。

3. 德

德的范围较广，它既包括个人的品德（如正直、诚实、忠诚等），也是个性及创造力的展现。团队领导者在对成员进行考核时，除了要注重工作业绩和工作能力外，还要注重德的考核，因为只有具备良好品德、充满创造力的成员，才能为团队发展贡献出更多力量，进而创造出团结友善、奋发上进的团队整体氛围。

4. 勤

勤就是工作态度，它直接体现了成员对工作的热爱程度和负责任程度。如果一个成员在工作态度上懒散不堪，毫无责任感，那么即使他拥有极强的能力和极好的品德，团队领导者也要直接解雇他，因为这种不良的态度很容易传染扩散，甚至对整个团队产生负面的影响。

当然，如果一个成员对待工作十分认真，勤勤恳恳，体现出极高的工作责任感，团队领导者也要适时予以褒奖，以便对该成员产生正面的激励作用，并在其他成员中间树立起勤劳负责的典范，引导他们向着这一方向努力。

6.1.4 移动电商的激励措施

一谈到移动电商的激励措施，很多人的脑海中都会出现金钱、物质等词汇，并认为只有这些东西才能起到真正的激励作用。这种观点虽不能说是错误的，却并不全面，因为完整的激励措施其实包括了荣誉和实体两个方面。

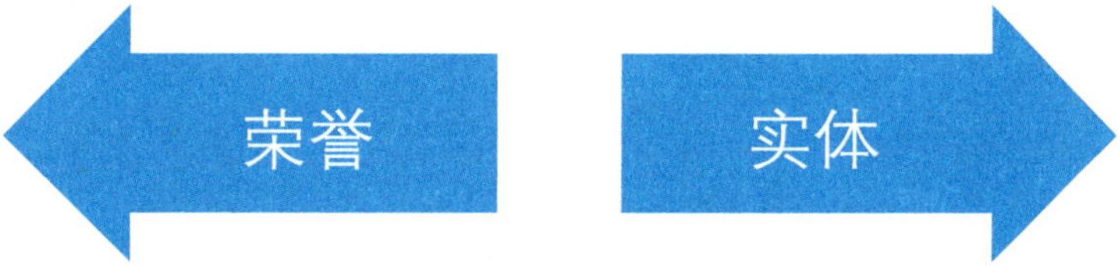

1. 荣誉

荣誉奖励主要包括言语称赞、书面奖状以及荣誉头衔等因素。这些东西虽然与物质无关，但是却充分肯定了成员的价值，使成员觉得受到了尊重，从而满足了他们的荣誉感和虚荣心，有助于提高他们对工作的热情和对团队的归属感。

2. 实体

实体奖励包括物质奖励和升职两个方面。

物质奖励：物质奖励主要就是金钱方面的奖励，这种奖励最为实在，很容易起到激发成员工作热情的目的。但是需要注意的是，此类奖励有一个度的问题，不能滥用，否则不但容易失去应有的激励效果，还会引发其他成员嫉妒等不良心理，产生不良后果

升职：除了金钱等物质奖励之外，团队领导者还要为成员提供晋升的平台，使他们觉得通过自身的努力可以获取更好的职位，掌握更大的权力。这样做可以适当刺激成员的野心，激发其产生更大的工作热情

总而言之，无论是荣誉奖励还是实体奖励，其最终目的都是激发成员更大的工作热情，使他们产生更高的工作效率。团队领导者需要根据成员的不同性格和需求，采取不同的激励措施，从而产生最优化的激励效果。

6.2 产品模式

“产品为王”是在任何时代都不会过时的真理。移动电商在经营过程中，需要牢牢把好产品关，以过硬的产品质量满足用户的需求，从而赢取用户的好感与支持，产生最大化的经济收益。

6.2.1 市场细分策略

所谓市场细分策略，就是指将一个多样化的大市场，分为具有不同特点和需求的细化市场，并在此基础上充分考虑自身经营特点、产品服务特点与具体实力，选择可能对自己产生最大收益的细化市场，展开富有针对性的经营和营销活动。一般来说，市场细分策略主要分为以下两种类型。

1. 集中策略

集中策略就是选定一个具有较大开发价值且竞争对手较少的细分市场，

集中所有资源进行相关市场开发的运营策略。这种策略的优点是可以集中有限的资源，在细分市场上取得相对优势地位。例如，经营大码女装的移动电商“凹凸曼”，就是选择了女装市场中大码女装这一细分领域，采取集中策略，从而取得了很好的经营效果的。

2. 差别化策略

差别化策略和集中策略不同，经营者并非将所有资源放在某一细分领域，而是根据细分市场的不同，展开差异化经营，以便同时适应不同的细分市场。例如，华为手机，就是根据目标市场的不同，同时生产中低端机型和高端机型，并采取不同的营销方法和价格定位策略，以便满足不同客户的需求。

6.2.2 以客户需求为准

以客户需求为准，说来很简单，真正做到却很难。这需要企业坚持以客户为中心做产品，彻底改变“我有什么你用什么”的传统思维，转变为“你想用什么我就生产什么”的客户需求型思维。

具体来说，以客户需求为准需要做到以下几点。

1. 提升客户的参与感

对于企业来说，让客户更多地参与到产品的运营过程中，通过高效、精准的交流互动，可以及时获知客户对产品的具体需求和改进愿望，有利于提升客户对产品和企业的好感和忠诚度，从而起到良好的宣传推广效果。

2. 加强平时的互动

移动互联网时代的营销活动从本质上来说是一种情感上的交流互动，所以客户是否购买企业的产品，很大程度上取决于他们平时对企业产生的情感印象。这时就需要企业注重平时的互动环节，例如，经常关注客户的朋友圈并点赞评论，过节期间进行问候等，这些互动交流积少成多，会使客户对企业产生极为良好的印象，促使他们在产生需求时更易购买企业的产品。

3. 及时做出改进

当客户对产品或服务提出修改类意见时，企业应引起足够重视，并分析其中的合理部分，及时做到针对性改进。这样做可以获取到客户的支持与好感，使他们觉得受到了尊重，从而更易产生重复购买行为。

6.2.3 品牌致胜

每一款苹果手机上市，都会引起“果粉”的疯抢；每一款小米手机发布，都会引起万千“米粉”的关注目光……

从上述例子中可以看出，做产品做到最后，其实就是在做品牌。也只有形成认知度和认可度较高的品牌，产品才能在目标市场上取得足够优势的地位，进而产生最大化的经济收益。那么，品牌形象如何得以形成呢?

1. 保证质量和相关服务水平

在产品同质化现象越发严重的今天，保证产品的基本质量只是基础，更重要的是为客户提供极致化的相关服务。例如，全面耐心的咨询服务、贴心且富有针对性的售中服务、快速便捷的配送服务以及售后退换服务等。这些服务可以为客户提供更好的服务体验，使他们更易产生购买行为。

2. 注入文化价值

品牌的形成不仅需要过硬的产品质量与相关服务，还需要独特的文化价值。例如，谈到苹果手机，我们立刻会产生简洁、高端、功能强大等印象，这就是苹果文化的体现。企业如果想为自己的产品注入特有文化，就要从产品的核心功能与特点出发，形成有别于其他同类产品的核心竞争力，并在产品运营的过程中将这种优势长期坚持下去。只有这样，我们才能为产品注入符合其核心特色的文化价值。

3. 引发广泛传播

正所谓“酒香也怕巷子深”，我们在经营产品的过程中也是如此。若想形成得到大众认可的品牌形象，除了要保证产品质量、形成独特的产品文化外，还需要在人群中间形成广泛的传播效应。而引发传播效应的关键，则在于粉丝群体对于企业和产品的支持和热爱。例如，“米粉”对小米的支持，“果粉”对苹果的支持等。

因此，企业需要通过各类手段，如开展线上线下的趣味活动、通过意见领袖开展宣传活动等，引发广大粉丝的关注，并提高他们对企业和产品的黏性，以便产生广泛传播的效果。

6.2.4 产品创新战略

产品创新一般有两个含义：一是指创造出某种新产品，二是指对某种现有产品的功能进行二次创新。对于企业来说，产品创新是一种基本的经营行为，它涵盖了企业活动的各个方面，而科学有效的产品创新战略，是企业提高产品竞争力、赢得目标市场优势份额的重要途径。

产品创新战略主要包括以下几个方面。

产品类创新	根据顾客或目标市场需求，具有针对性地创造新产品或改善现有产品的功能
工艺类创新	对产品的生产技术和流程进行创新或改善，同时包括对新设备和新工艺的创新
市场类创新	改变与顾客互动交流的方式，使其更能满足深入沟通的需求，彰显创新性特点，并在交流过程中找到顾客的痛点，把握其内在需求
管理类创新	对现有的管理和组织制度进行创新，提高企业的运营效率

需要注意的是，产品创新战略是一个系统化的工程，更是企业应该长期坚持的发展战略。企业需要在选择创新产品种类、确定具体创新方式以及建立相关技术支持等方面做好协调工作，找到一个平衡点，这样才能保证产品创新战略能够健康、稳定地实施下去。

6.2.5 产品过程管理

对于企业来说，产品过程管理是一个比较复杂的管理过程，很容易在具体的操作过程中出现各种问题。若想找到其中的窍门，使复杂的管理过程变得简单，就要对产品的管理阶段进行细分，并把每一个环节做好。

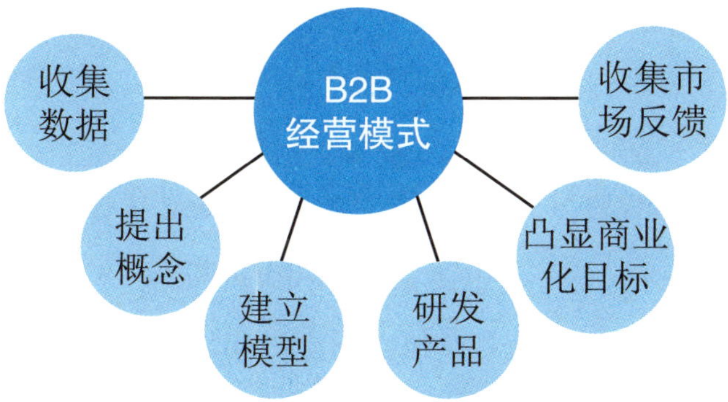

1. 收集数据

“没有调查就没有发言权”。我们在进行产品研发之前，首先要收集目标市场中的相关数据，例如，市场中同类产品的性能与售卖情况、竞争对手的产品策略等，做到对相关市场数据的有效分析，为产品的研发管理提供必要的数据支持。

2. 提出概念

在收集到足够的市场数据并进行了有效分析之后，我们就可以提出关于产品的概念了。这个概念可以基于目标市场发展情况，也可以从创新的角度出发。例如，“裸购”这一词汇，就是创新性产品概念的一种具现。

需要注意的是，概念的成型需要具备足够的资源（资金、技术等）支持、企业管理层的认可和目标市场的配合，不然就很容易陷入失败的境地。

3. 建立模型

建立模型的目的是将概念落地化。在这个过程中，需要不断地改进模型，使其更好地适应市场、目标用户以及企业自身的需求。

4. 研发产品

一旦建立了成熟的模型，进入产品的实际研发阶段，我们就要拒绝任何修改意见，甚至无视企业高层和市场对于产品的功能添加需求，以求在最短的时间内生产出成品，从而达到尽早将产品投入市场，占据目标市场优势地位的目的。

当然，拒绝修改意见只是为了建立产品的研发速度优势，并不意味着固执己见。我们在生产后续产品时，可以酌情考虑此类意见，从而做到对产品的有效修改。

5. 凸显商品化目标

产品在生产出来之后，接下来就是售卖环节。我们在产品正式发布之前，需要先进行内部培训，令内部人员认清产品的核心价值和相关功能，并使他们能够为用户做出清晰明了的介绍讲解。这样做有利于吸引目标用户关注，凸显出产品的商业价值。

6. 收集市场反馈

一款产品到底如何，归根结底还是市场说了算。我们在产品正式投入市场后，需要时刻关注产品在市场的售卖情况和客户反馈情况等，并将此类数据收集起来。这样做一方面可以了解到产品是否达到了我们的预期值，另一方面可以为产品的下一步发展提供参考数据，以便做好更新迭代工作。

6.2.6 产品效果评估

在产品上线前后，我们要对产品做好评估和验证工作。此类工作主要包括以下两个方面。

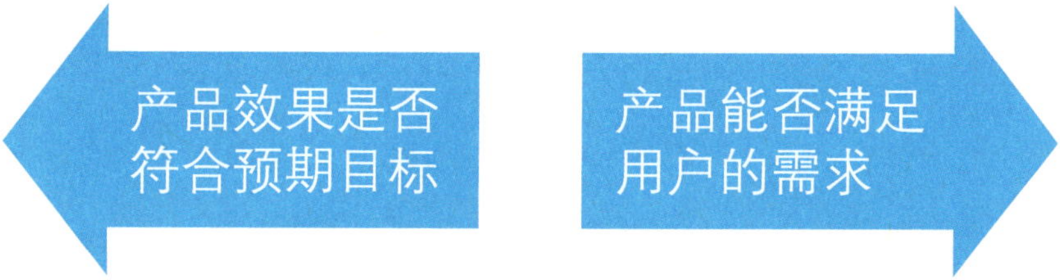

根据上述两个方面的特点，我们要分别做好定量的数据分析与定性的用户调研，以便对产品效果做出科学、全面、有效的评估。

一般来说，产品效果评估主要分为以下两个方面。

1. 产品上线前的评估

当产品处于上线前的评估阶段时，我们要将评估重点放在产品实际效果与产品设计预期的对比上，充分了解两者间的差异，并在此基础上判断产品是否达到了可以上线的质量标准。

2. 产品上线后的评估

产品上线之后，我们需要关注目标市场的反馈信息，根据这些信息评估产品的实际效果。例如，让用户填写产品的使用评价表，通过电话或其他通信手段查访用户等。这些办法可以收集到用户对产品的使用评价信息，使企业对产品的实际使用效果做到有效评估。

6.3 服务模式

在移动电商的经营活动中，如何做好服务，使客户得到出色的服务体验，是其取得客户支持与信任，引发持续购买行为的重要基础。移动电商若想实现更好的发展，就要从客户的角度出发，满足他们对于服务的需求，创建最优化的服务模式。

6.3.1 提供极致服务

在移动互联网时代，顾客不仅注重产品的质量和使用体验，更注重在购买过程中享受到的相关服务。我们甚至可以说，谁能为顾客提供极致化的服务，谁就能赢得顾客的支持与好感，在竞争激烈的市场中抢占先机。

1. 一致性

如今顾客愈发看重服务的一致性，换句话说，也就是服务的规范程度。举个例子，顾客甲向某商家购买一件商品，下单后三日送达。过了不久，与甲同城市的顾客乙向同一商家下单，购买相同商品，此时商家也要保证三日内将商品送达，这才能体现出服务的一致性，使顾客对商家的配送服务感到满意。

2. 易感知性

商家若想使顾客得到良好的服务体验，就要使服务易于被顾客感知。比如某些线下体验店的工作人员在顾客试用产品的过程中，可以提供试用指导，并为顾客提供符合其特质的有效推荐。这样，此类服务就很容易被顾客感知，从而提高其满意程度。

3. 价值感

我们的服务要想做到最好，就要在服务的过程中为顾客提供价值感，使他们觉得相关服务对他们有用，从而引发他们对商家的好感。例如，我们在介绍产品的过程中，不但要介绍产品的性能、质量，还要重点凸显产品和自身的产生背景、相关文化等，满足顾客对于购物附加值的需要，甚至使他们觉得物超所值。

6.3.2 打造出色客服

移动电商若想打造自己的团队，优秀的客服人员必不可少。在移动电商的经营过程中，客服往往扮演着对外门面的角色。那么，优秀的客服应该做到哪些事情呢?

1. 了解顾客需求

客服在开展工作时，第一步就是了解顾客的真实需求。例如，顾客是购物，是退换商品，还是投诉维权。只有弄清楚具体情况，客服才能根据顾客的需求，制订具有针对性的应对方案，顺利开展后续工作。

2. 心理承受力强

某些顾客的脾气不太好，甚至会展现出咄咄逼人的姿态。在这种时候，就需要客服具有较强的心理承受能力，保持一种健康、稳定的心态。这样做更容易使客服找到相关的解决方法，做到令顾客满意。

3. 具有耐心

对客服来说，耐心的重要性不言而喻。因为他们往往需要花费大量时间，为顾客解答各种问题，并为其提供解决方案。如果没有耐心，就根本无法获得顾客的好感与认可，更无法胜任客服的工作。

4. 善于倾听

若想了解顾客的真实需求，在具体谈话中做到有的放矢，就要注重倾听。具体的方法是，在与顾客的交流过程中，尽量少发言，而且要引导顾客多发言，提出观点。这样做对于发现顾客真实想法，做到客服与顾客间的友好交流很是重要。

5. 应变能力强

客服在与顾客进行互动交流的过程中，很容易出现各种随机情况。例如，顾客蛮不讲理，对产品和服务一概否定等。这些情况的出现往往会使客服措手不及，很难应对，而且一旦应对不好甚至会引发投诉，造成不良影响。在这种时候，就需要客服做到随机应变，不被顾客抓住把柄，并在条件允许的情况下，尽可能满足顾客的合理要求。

6. 注重语音语调

客服在说话时要注意自己的语音语调，吐字要清晰准确，声音要温柔亲切，这样才能使顾客觉得舒心，从而获得他们的支持与好感。

7. 具有良好心态

客服即使在工作中遇到难题，也要保持良好的心态，多一些微笑。这样不但能使自己变得更加自信，同时也能感染顾客，使他们对客服更加信任。

6.3.3 注重服务细节

细节决定成败。有时候，我们往往就是因为忽视了细节，才导致了失败。一马失社稷的故事相信大家都听过，1% 的错误导致了 100% 的失败，这样的教训值得我们深思。而在移动电商领域，我们尤其要注重服务细节。

具体来说，我们可以从以下几个方面来做。

1. 热情服务，真诚待人

移动电商针对的主要人群是拥有智能手机的群体，客服要做的工作就是让顾客隔着屏幕都要感受到自己的热情和真诚。比如，在顾客要买东西心存疑问时，通过“亲”等亲昵称呼，便能拉近与顾客的距离，进而促成销售。

2. 表现形式多元化

服务不应该一成不变，而要在具体的实施过程中体现出多元化的特点。例如，韩都衣舍的客服，将同样的问题分解成好几种不同的表达形式，就算是一句简单的“你好”，结合时下流行语和表情符号，也有多种回复。

3. 培养细节意识

细节体现在客服工作的方方面面。细节意识也是可以培养的。比如在货品售卖前，客服人员要仔细了解该货品的详细信息，包括产地、型号、规格材质等，以便有顾客来问时，可以做出回答。当货品售卖后，客服人员要及时发货，并把发货信息告知顾客。当货品抵达顾客手中时，客服要确认收货情况，确保货品没有出现破损的情况。若出现了问题，要及时给予解决。这些都是细节，都可以通过培养来达到精致服务。

6.4 营销模式

有了专业的人才、精致的商品、良好的服务，接下来就是售卖了。那么要如何把商品卖出去呢？这里就涉及营销的问题了。对于移动电商来说，营销是所有环节中很重要的一环，也是必不可少的一环，而营销的方式则是多种多样的，接下来，我们从以下几个角度来谈谈移动电商的营销模式。

6.4.1 优化场景布置

在移动电商的营销活动中，如何将营销因素与人们的日常生活场景结合起来，优化场景布置，提升用户的购买体验和服务体验，是十分重要的事。

场景营销主要分为以下三类。

1. 现实场景营销

现实场景营销与用户的生活联系紧密，其布置的现实类场景很容易被顾客感知到，使他们得到切实体会。例如，某些超市会把凉席铺设在假人模特身上，既新鲜有趣，又能凸显凉爽贴心的感觉，可谓一举双得。

2. PC 端场景营销

此类营销多采用“兴趣引导 + 海量曝光 + 入口营销”的模式，构建出符合用户行为习惯和个人偏好的上网场景，并使用户在使用浏览器、搜索网页或是进行网络购物时，得到出色的上网体验和网购体验。

3. 移动端场景营销

移动端场景营销分为以下两种。

与现实结合的移动场景营销	• 这是一种将现实场景与移动互联网结合的营销方式，很容易起到融合线上、线下的作用。例如，中国香港宿务航空“雨代码”广告，一旦下雨就会显示出二维码，不仅创意十足，还便于用户进行扫码关注

在互联网环境中进行的移动场景营销	• 社会化营销，商家通过移动场景工具，展开具体的营销活动，如社会化推广、二维码扫描等，然后通过感兴趣的用户进行自发传播 • 移动精准广告，商家通过用户在移动端留存的购买、偏好等数据，精准推送广告

总而言之，商家需要根据用户的不同特点与自身发展情况，使用合理的场景营销方式，以此来提高用户的满意度，进而创造出良好的经济收益。

6.4.2 增加娱乐性因素

很多伟大公司的成功都离不开娱乐因素的支持，例如，苹果公司的娱乐科技、迪士尼的娱乐体验、好莱坞的娱乐产业等。从中我们可以看出娱乐因素对企业发展的重要性。

而移动电商在其经营过程中，也要适度添加娱乐性因素，给用户提供出色的娱乐体验，以此来提高知名度和美誉度，塑造成功品牌，赢得大众的欢迎和支持。

娱乐营销应该做到以下几点。

娱乐营销

1. 找准目标用户的心理特点
2. 创新娱乐方式，满足大众对娱乐的需求
3. 吸引用户参与、互动交流与传播
4. 注重满足大众的好奇心理
5. 引导舆论，重视媒体传播

总之，增加娱乐性因素的最终目的是提升用户体验。我们需要使用户在体验的过程中接触到娱乐性因素，并得到更多快乐。这种做法可以使用户更易对商家感到满意，从而提升忠诚度，使商家取得最优化的营销效果。

6.4.3 移动端营销特点

相比于传统营销，移动端营销因软硬件技术的不断发展和思维方式的改变，体现出“小快灵”的全新特点，具体来说，主要分为以下几个方面。

1. 高度便携性与黏性

这一点其实很好理解。现在智能手机的普及率很高，基本能做到一人一台，而且携带和使用十分方便，不受地理位置的影响，可满足用户随时随地的上网应用，这就为商家的营销活动创造了必要的基础条件。

2. 高度精准性

移动端用户在使用手机进行各类操作时，往往会留下大量的使用数据（如购买习惯、个人偏好等），商家可以对此类数据进行收集分析，然后根据用户的不同需求和不同特点，展开具有针对性的营销活动。

3. 投入成本较低

依托于移动互联网的移动端营销活动，往往只需移动硬件（智能手机、笔记本电脑等）和移动类技术（App、社交媒体软件、移动支付技术等）的支持即可取得明显的营销效果，具有投入成本较低、覆盖面高以及快捷的特点，十分适合实力有限的移动电商使用。

6.4.4 创建优雅“店铺”

随着移动端技术的不断发展，很多消费者开始在手机上购买所需商品，形成了越来越普遍的移动端购买行为。这种情况的出现，说明商家仅依靠 PC 端网店进行经营活动是不够的，还需要经营一家出色的手机店铺。那么，怎样做才能创建一家优雅的手机店铺呢？具体流程如下。

1. 电脑登录卖家中心。

2. 从“店铺管理”中寻找“手机淘宝店铺”，点击进入。

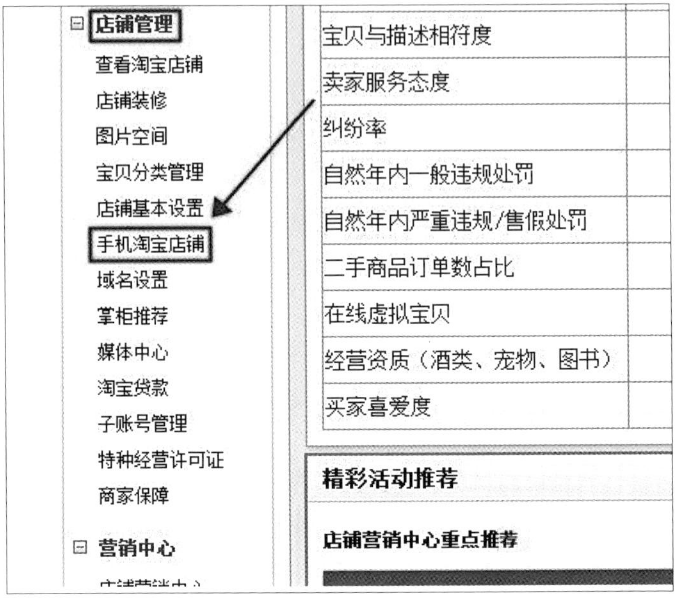
店铺管理
查看淘宝店铺
店铺装修
图片空间
宝贝分类管理
店铺基本设置
手机淘宝店铺
域名设置
掌柜推荐
媒体中心
淘宝贷款
子账号管理
特种经营许可证
商家保障
营销中心
宝贝与描述相符度
卖家服务态度
纠纷率
自然年内一般违规处罚
自然年内严重违规/售假处罚
二手商品订单数占比
在线虚拟宝贝
经营资质（酒类、宠物、图书）
买家喜爱度
精彩活动推荐
店铺营销中心重点推荐

3. 选择“立即装修”选项。

无线店铺
立即装修
培训中心
码上淘
进入后台
营销工具
手机专享价
无线会员卡

4. 在新界面中选择“去装修”。

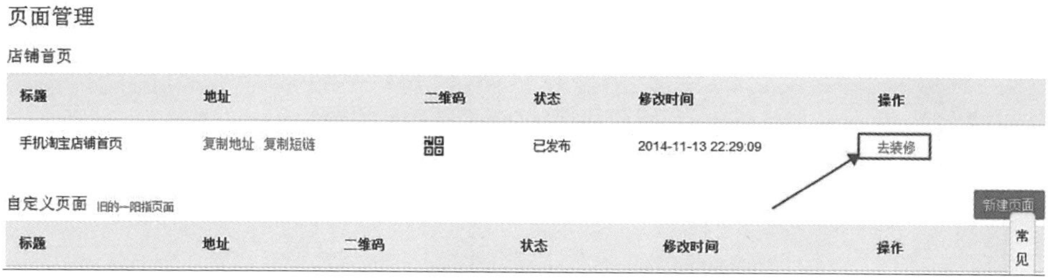

除了上述流程外，还有另一种装修店铺的方法。

1. 进入卖家中心后，选择“店铺管理”—“店铺装修”。

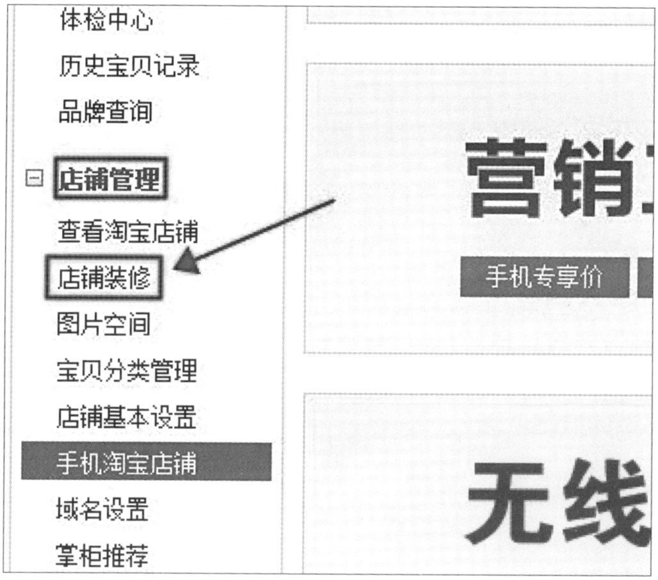

2. 选择“无线装修”。

3. 进入无线端首页装修界面。

4. 在左侧的应用模块中，宝贝类模块分为单列宝贝、双列宝贝、宝贝排行和搭配套餐。

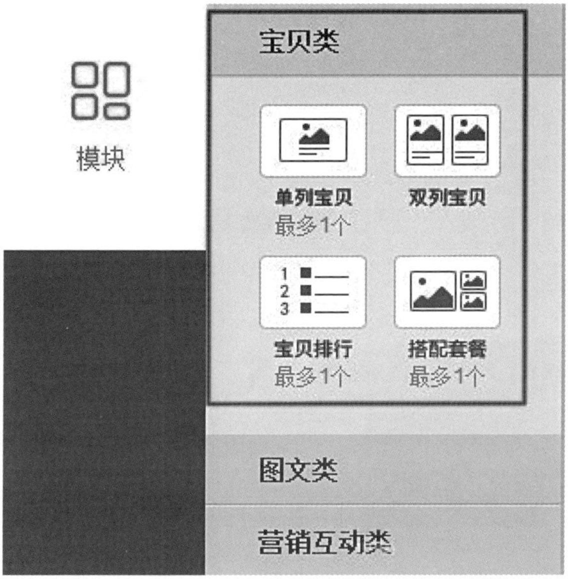

5. 图文类模块分为标题模块、文本模块、单列图片、双列图片、多图、辅助线、焦点图模块、左文右图和自定义模块。

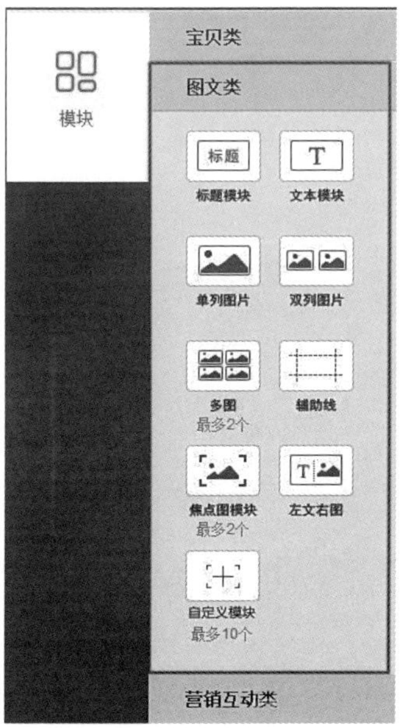

6. 营销互动类模块分为电话和活动。

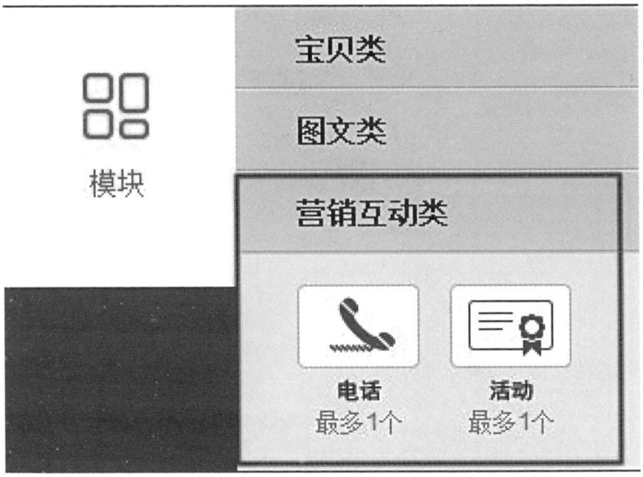

7. 界面中间显示的为手机预览。

8. 将左边想要添加的模块拉入中间预览区，即可添加模块。

9. 接下来就是编辑模块。选择想要编辑的模块“1”，右方会显示编辑界面，点击图中“2”，即可添加更换店招图片（规格尺寸 640×200，格式 jpg、jpeg、png），点击图中“3”，即可添加链接。

10. 进入链接小工具界面，找到需要的链接。

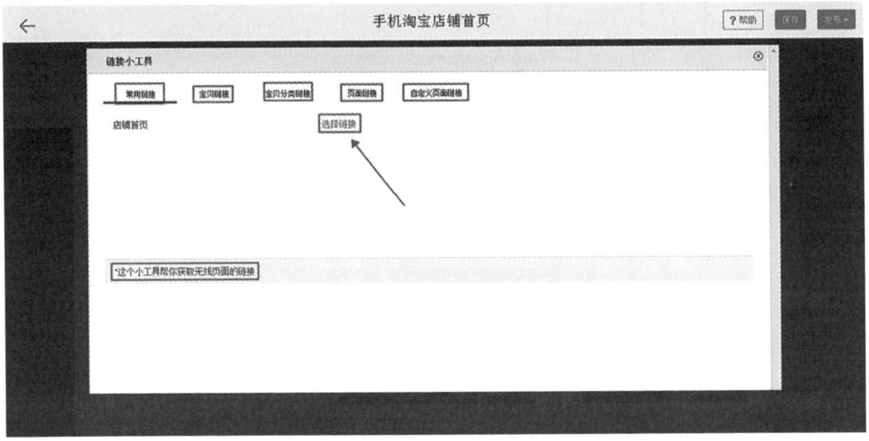

11. 焦点图模块（能够使用 2 次），可以添加不超过 4 个宝贝图以及链接轮播展示。

12. 搭配套餐模块，无法进行编辑，因为拉入后会默认自动展示最后一

步创建的 PC 端套餐。

13. 当编辑好所有模块后，就可以发布了。

6.4.5 进行痛点营销

所谓痛点营销，一般是指展现产品或服务的每一方面给消费者，并使消费者在此期间得到超出心理预期的产品或服务，从而激发其购买欲望的一种营销行为。

痛点营销的概念最早是由网络推广实战专家秦绪文提出来的。这种营销方式强调尽可能多地抓住消费者信息（包括产品需求、购买习惯、个人偏好等），并综合产品生产、销售等环节情况，从而具有针对性地传达有效信息，在最大程度上满足消费者对产品或服务的相关需求。

痛点营销的核心在于，要在营销活动的每一环节都抓住消费者痛点。但是若想做到这一点其实并不容易，需要经营者从以下两个方面去努力。

1. 内部对比

内部对比的意义，在于通过企业内部各产品功能的对比，给目标消费者营造出一种鱼与熊掌不可兼得的氛围，使他们觉得如果不进行购买行为，就会有一种“痛”和“悔”的感觉。这样做很容易激发消费者的购买欲，使营销活动取得预期效果。

2. 外部对比

痛点营销若想做好，除了内部对比之外，还要做好与竞争对手之间的外部对比。外部对比的主要目的在于，通过差异化竞争对比，使消费者觉得购买我们的产品能够得到额外的兴奋感和愉悦感，而且这种感觉在竞争对手那里是感受不到的。如果做到了这一点，痛点营销就很容易取得成功。

需要注意的是，若想做好对比工作，使痛点营销取得预期效果，不但要对自己和竞争对手的产品或服务具有足够的了解，而且要从消费者的真实需求出发，把握其消费心理，这样才容易取得良好的营销效果。

Part7

创业思维

移动电商创业之创新模式

7.1 全民链接

我们经常听到有人说：“这是一个全民链接的时代！”什么意思呢？就是在移动互联网时代下，智能手机和移动端社交软件（微信、微博、移动QQ等），把普罗大众联系到一起，形成了一种全民社区化、无障碍交流沟通的创新型时代。移动电商可以充分利用这种大势，展开高效、便捷的营销经营活动，从而实现新时代下的新发展！

7.1.1 抓住流行性因素

什么是流行性因素呢？就是当前十分火热的、引发大量用户关注的信息或话题。移动电商如果能够及时抓住流行性因素，并将其融入自己的营销活动，往往能取得事半功倍的营销效果，吸引大量用户的关注，进而产生最大化的经济效益。

流行性因素主要分为以下几个方面。

1. 时尚

当前流行的服装款式，当前流行的食物饮品，当前流行的电影或电视剧，都可以归入时尚的范畴。我们可以从中找到流行性的因子，加以利用和再创造，并将其融入具体的营销过程，引发用户的关注。例如，风靡一时的“甄嬛体”，就是借助电视剧《甄嬛传》的火热，被很多商家利用，形成了一种独具古风韵味的营销文体并取得了良好的营销效果的。

2. 新闻

大众一般都有关注新闻的习惯，一些产生较大影响的新闻甚至会在人群中引发持续的讨论，造成某种社会化影响。所以，我们在做营销时也可以借助当前的重点新闻，展开营销活动。例如，腾讯新闻、今日热点等，就是很好的新闻平台，我们可以对其中出现的时事新闻进行适当利用，让其为我们的营销活动服务。

3. 热点

热点类信息往往会在特定人群中引发较大反响和持续讨论，我们如果在此基础上添加营销类信息，往往会在目标群体中取得很好的宣传、推广效果。比如小皇帝詹姆斯在骑士取得首个 NBA 总冠军，我们就可以利用其展开诸如“小皇帝骑士首冠，他最感谢的竟然是 XX 产品”之类的营销活动，往往可以在篮球迷中取得不错的关注效果，进而引发购买行为。

7.1.2 符合普世价值

普世价值是什么？按照一般意义上的解释，是符合普罗大众根本价值观的社会认知。而对于移动电商的经营来说，就是符合社会法律、社会公德以及行业准则的相关要求。

1. 符合社会法律

我们在开展经营活动的过程中，首先要做到的就是合法经营，在筹资、投资、经营等各方面做到符合相关法律规范，做一个奉公守法的经营者。这不仅是我们的责任所在，也是为了避免因触犯法律，受到法律的制裁，从而造成经营失败的恶果。

2. 符合社会公德

在符合法律规范的基础上，我们还要恪守社会公德的要求，做一个保持道德底线的经营者。例如，在经营活动中注意保护环境，在与客户的交流过程中使用文明用语，热心帮助客户解决各类困难等。这样做对于展现品牌形象、赢取客户信任，具有十分重要的意义。

3. 符合行业准则

行业准则是某行业权威机构制定的，得到广泛认可的业内行为规范。此类准则同样需要我们去严格遵守，从而避免恶性竞争、钻法律漏洞等不良行为，展开健康、稳定的经营活动。

7.1.3 引发裂变效应

在移动互联网时代，关系链传播越发火爆，社会化营销进一步升级，一条出色的创意信息往往会引发大量粉丝的关注和转发，产生裂变效应。而裂变效应很容易传播商家形象，形成认知度较高、认可度较高的产品和经营品牌，这对商家来说意义重大。

那么，怎样才能引发裂变效应呢?

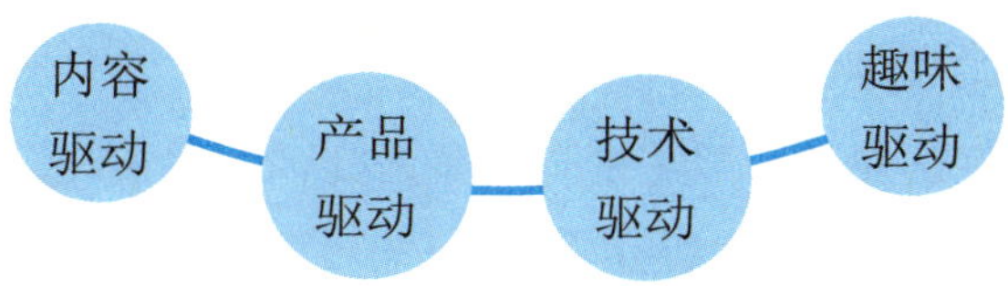

1. 内容驱动

内容驱动是社会化营销中十分经典的传播方式。一个用心打造的好内容，无论其表现形式是文字、图片，还是视频，都容易引发大众的关注兴趣和共鸣感，产生良好的传播效果。例如，前央视主持人柴静推出的《穹顶之下》，就是通过充实、专业的内容，讲述了雾霾的形成过程与危害，引发了很多人的共鸣，取得了出色的传播推广效果。

2. 产品驱动

产品驱动是通过一个很有创意的新产品，引发大众的持续关注与参与兴趣，进而取得出色的推广效果。例如，微信红包、脸萌、围住神经猫等，就是此类产品中的典范。

3. 技术驱动

技术驱动也叫做数据驱动，是在对用户个人数据和个性化营销数据进行收集分析的基础上，利用数字技术打造的智能化应用。例如，微软小冰，就是技术驱动的典型例子，其智能化的交流互动功能，引发了很多用户的关注兴趣。

4. 趣味驱动

除了上述三种方式之外，还有一种趣味驱动方式容易引发裂变传播。此种方式符合网络文化与网友心理特点，对年青一代用户的吸引力较大，往往会在目标人群中取得很好的传播效果。例如，成龙 Duang，就是以其趣味性引爆微博、微信的。

其实，不管是哪种方式，要想引发裂变效应，都要归到“人性”上去，符合大众的理性化认知和情感需求。只有这样，才能使用户心甘情愿地进行转发，引发真正的裂变效应。

7.1.4 建立社交关系链

要想做好移动电商营销活动，与客户间的社交关系链必不可少，而建立与客户间的社交关系链的关键便在于情感联系。

1. 以沟通赢取信任

在产品高度同质化、竞争无比激烈的商业时代，只卖产品、不讲沟通已经无法取得良好的售卖效果。我们要以客户为核心，在友好互动中了解客户的真实需求，然后根据这些需求改进产品和经营措施，以此来满足客户对产品或服务的需求，赢取他们的信任和忠诚。

2. 注重广告体验

在构建社交关系链的过程中，推送广告必不可少。然而这一环节却是很容易引发客户不满，使其对商家产生不良印象的部分。所以我们在推送广告的过程中，要尽量做到人性化推送，重视定向推送与体验感，以此来赢得客户最大程度上的好感。例如，针对学生群体的推送，最好选择其休息时间或假期进行，以免影响到其正常学习，令其厌恶。

3. 注入情感因子

当客户接受商家的情感之后，才会接受商家的产品，所以我们要将情感因子注入产品经营的各环节，以求最大程度地满足客户的情感类需求。比如制定合理且寓意良好的价格（168 元，谐音“一路发”），进行蕴藏丰富内涵的包装，在公关环节中注重与客户的情感交流，提供诚挚、温馨和贴心的服务等。这些手段很容易赢得客户的支持和好感，使商家在激烈的市场竞争中取得优势地位。

7.1.5 打造良好口碑

口碑营销的概念其实很早就出现了，比如某些地方特产、老字号商家店铺等，其中都蕴含着口碑的因子。而当互联网尤其是移动互联网兴起以后，口碑营销开始与网络营销相结合，从而形成了独具特色的网络口碑营销。

在移动互联网时代，口碑营销一般分为线上口碑营销与线下口碑营销两种。其中线下营销需投入很大成本，效果监控的难度较高，所以不太适合实力有限的移动电商使用。而线上营销则可以借助移动互联网快速传播、精准定位等优势，取得良好的宣传推广效果，更易得到商家的青睐。

一般来说，口碑营销的策略主要分为以下几种。

1. 公益营销

通过公益类活动，商家可以很好地宣传自身形象，从而赢得大众的好感和支持。这对于商家的后续营销活动很有助益，是一种立意长远、展现商家社会责任感的营销活动。

2. 终端推广

所谓终端推广，就是指线下终端卖场借助横幅、张贴画、优惠类活动等，激发现场客户的购买欲望，最终达成交易的推广手段。此类推广方式容易实现销售的落地，能使被广告吸引来的客户产生真正的经济价值。

3. 降价策略

客户在购买产品时，往往具有贪图便宜的心理，所以降价策略很容易引发客户的关注和购买。但是需要注意的是，降价策略往往会引起竞争对手的模仿，引发恶性循环，对双方造成不可弥补的伤害，所以绝不可轻易采用。

7.1.6 促进内容传播

在“人人都是自媒体”的时代，内容的重要性不言而喻，它是使产品或服务引发大规模传播，取得出色推广效果的重要前提。而内容营销，就是一种基于内容引发裂变式传播的营销策略。它包含了以下几点因素。

01 在所有媒介渠道和平台中，都可以使用内容营销策略

02 内容营销的关键就是在内容中提供对用户有用的服务，彰显出打动用户的价值

03 内容营销中要出现可衡量的成果，并达到最终的盈利目的

总而言之，内容营销的关键在于打造出优秀的内容性产品，将内容本身设置为一个重要的体验环节，以此来为用户提供更出色的服务体验，形成用户对品牌的黏性，产生重复购买行为。例如，锤子科技发布的“文青版坚果手机”，中、美士力架的“昵称装”，欧莱雅创建的“内容工厂”等，都是利用优质内容，促进广泛传播的具体案例。

7.2 社群思维

在移动互联网时代，强调“人以群分”的社群思维无处不在。在由具有共同兴趣或共同特征的用户组成的社群中，可以开展更具有针对性的营销活动，满足特定人群的特定需求，进而取得出色的宣传推广效果。

7.2.1 社群的定义

我们可以将社群简单地理解为一个群，但是这个群需要有自己的某些表现形式，例如，共同的需求和爱好，相同或相近的地理位置，相对稳固的社交关系（同学、同事等）。当一个群中拥有一个或几个以上特点时，我们就可以称它为社群。而基于社群的营销活动，就是社群营销。

社群营销的载体范围十分广泛，微信、微博、QQ 群、论坛，甚至是线下的某些社群，都可以作为社群营销的载体。而在开展社群营销的过程中，找到一个意见领袖十分关键。这个意见领袖可以是某领域的权威或专家，也可以是在特定社群中拥有较大话语权的领导人物（例如，学生群中的班长）。只有通过意见领袖的宣传推广，才能更好地传递信任感和价值观念，激发群成员对于产品或服务的购买欲望，进而在社群中起到较好的营销效果。

总之，社群营销是一种基于某些人际关系、圈子以及六度空间概念而形成的营销方式，如何找到对自己产品或服务具有需求的社群，展开精准化的社群营销，是商家需要认真考虑的事情。

7.2.2 区分群用户类型

在开展社群营销的过程中，我们需要对群用户的类型进行有效区分，以便根据群成员的不同情况，展开具有针对性的营销活动，赢得群用户的好感与支持。

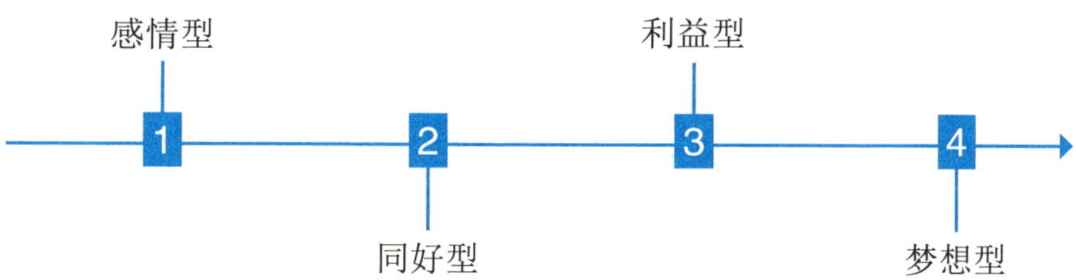

1. 感情型

此类用户一般是具有一定感情的亲朋好友，如同学、同事等，可以归到此类型中。此类用户因为在现实中互相认识且互相间投入感情较多，所以形成的社群往往比较稳固，成员间的共同点也比较多。

2. 同好型

此类用户具有相同的兴趣爱好，并因此形成同好型社群。比如棋友、球友等，都可以归入此类型中。需要注意的是，此类社群的形成只是基于共同的爱好，成员之间却不一定是知心朋友。

3. 利益型

此类社群维持的纽带是成员间共同的利益，所谓“利合则聚，利失则散”，说的往往就是此类社群。例如，某用户在网上发布一些信息，其他用户觉得此类信息对自己有用，便会在信息的引导下聚集在一起，形成一个特定的利益群体。此类社群大多数都是临时性社群，当成员间的共同利益无法得到满足时，它们就会渐渐消失。

4. 梦想型

此类社群的形成是基于共同的梦想、理念、价值观等，它往往对群成员具有很强的号召力和影响性。例如，某些环保类社群、动物保护社群以及扶贫类社群等，就是梦想型社群的典型代表。

7.2.3 构建目标客户群

在移动互联网时代，因为智能手机和移动技术的不断发展，社群已经不仅限于线下的社会关系类社群。一些具有共同兴趣、爱好和能力的人，基于移动端随时随地在线的特质，在线上形成了新时代的移动社群。在移动社群中，成员间彼此信任、互相帮助，形成了很强的群体凝聚力和号召力，使得社群的规模愈加庞大。

但是，并非所有社群都适合商家开展营销活动，只有那些符合产品或服务特质的社群，才能满足商家的宣传推广类需求。换句话说，商家需要从浩如烟海的移动社群中，找到并构建自己的目标客户群。

那么，具体应该如何去做呢?

01 不能将产品或服务面向所有客户，以免落入平庸化境地，失去产品或服务的卖点

02 找准目标客户群，弄清其具体需求，并在此基础上生产和改进产品或服务

我们应该对自己的产品或服务做出有效的客户分析，搞清哪些客户对于我们的产品或服务具有需求。这种分析类似于线下商店的市场调研，其目的就是做到对客户地域分布、工作收入、消费习惯、兴趣爱好等各方面的信息收集工作，并在此基础上把握目标客户的真实需求，进而取得最大化的收益。

7.2.4 社群运营策略

在移动社群时代，商家对于社群的重要性越发看重，如何运营好一个社群，使其对商家产生最大化的价值，是每一个商家都十分看重的事。

那么，怎样才能做好社群运营呢?

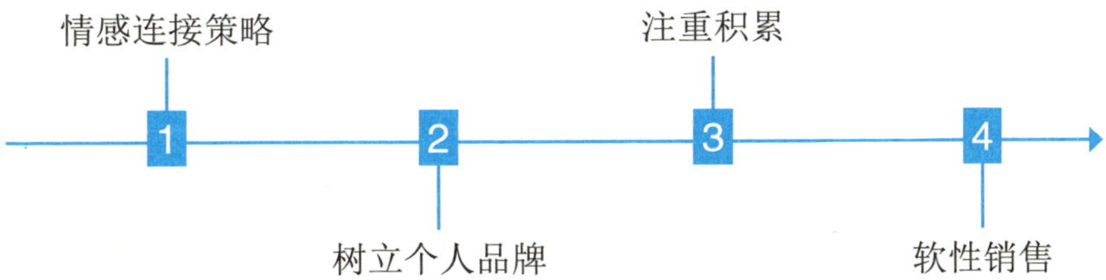

1. 情感连接策略

在一个社群内，我们要把每一位成员都看作自己的朋友，经常性地晒出一些个人的状态和感受（如工作、生活、个性、兴趣爱好等），并注意与群成员展开友好的互动交流，以此来拉近彼此的关系，建立有效的情感连接。

2. 树立个人品牌

社群的建立和维持往往基于成员彼此间的信任。而要建立信任感，就需要我们凸显出自身的良好形象，形成个人品牌。例如，展现积极乐观的生活态度、亲和有礼的个人作风等，都有利于形成个人魅力，使群成员对我们形成正面印象。

3. 注重积累

我们在具体的经营中，一定要注重日常积累，因为群成员对我们的印象形成需要一个长期的过程，而产生经济收益则需要更长的时间。这就需要我们每天坚持开展营销活动，比如发送产品图、产品文案等，以此来达到积少成多的效果。

4. 软性销售

当我们把以上三步都做好之后，销售就会成为自然而然的事。因为此时群成员已经对品牌和产品都建立起了好感和信任，愿意进行购买行为。然而需要注意的是，此时切忌强推，而是要使用软性销售策略，给群成员更多的产品选择，然后通过暗示等手段引导群成员购买我们的产品。这样做会在最大程度上满足群成员的购买需求，使他们得到出色的服务体验。

7.2.5 话题引爆社群

话题营销属于口碑营销的范畴，是一种借助媒体传播和客户口碑，使得某一类当前现象或信息形成热点话题，引发大众持续讨论效果的营销活动。而对于社群而言，如果能够将话题运用好，就能在群成员中间产生持续传播和广泛影响，为商家创造出很好的营销机会。

若想达到话题引爆社群的效果，一般需要以下三个步骤。

1. 找到合适的话题

要想引爆社群，我们首先需要找到一个具有足够传播性的话题。这个话题需要满足群成员在某方面的兴趣，例如，知识、八卦、时事讯息等，并通过大众喜闻乐见的方式表现出来，例如，幽默、恶搞、争议、提问等。这样做更容易引发群成员的关注，产生持续讨论现象。

2. 多渠道宣传

除了群内宣传之外，我们还要利用多种媒体进行话题传播，比如电视、报纸等传统媒体，微博、微信等新媒体。这样做能够使话题得到极广范围的传播，产生很大的社会影响力。而群成员通过其他渠道了解到该话题后，会对此产生更大的兴趣，进而起到最优化的宣传推广作用。

3. 后续话题跟进

当我们成功抛出一个话题之后，若想此话题在社群内产生持续性的讨论和影响，凸显出最大化的价值，就要及时进行后续话题的跟进。这样做能够在最大限度上保持话题的热度，对营销的整体效果会产生积极的影响。

7.3 跨界思维

什么是跨界思维呢？就是从多角度来看待问题，以多视野来解决问题，不受固有思维和行业限制的互联网思维模式。它不但代表着一种创新的新锐理念，而且代表着一种“敢为天下先”的思维特质，是移动互联网时代的经典思维之一。

7.3.1 移动时代的跨界颠覆思维

在移动互联网快速发展的时代，跨界思维已经成为被人们谈论最多、应用最多的思维模式之一。从苹果公司跨界做智能手机，颠覆传统手机巨头诺基亚开始，到微信跨界成为大众通信工具，颠覆传统语音和短信业务，再到互联网金融对传统银行业的巨大颠覆，跨界思维的毁灭性力量开始展现在大众面前，引发了人们的深入思考和广泛讨论。人们不禁要问：“跨界思维会不会彻底颠覆我们的生活？”

其实，跨界思维可谓无处不在，一个细小的、不起眼的变化，往往就会在潜移默化间改变某些大产业的固有格局。例如，车托宝，不过是一个汽车内部的手机固定架，但它却对整个汽车产业产生了深远的影响。试想：当人们可以很方便、很安全地使用手机中的导航定位等功能时，谁还会选择汽车自带的导航定位系统呢？

车托宝的成功就是跨界思维的具体体现，它以一种产业外的创新方式，影响到了产业内的格局。此类跨界模式的成功告诉我们：在使用跨界思维时，不要受传统思维模式的束缚，而要勇于打破固有圈子，寻求圈子外的全新解决之道。只有这样，我们才能跨过观念之界，实现革命性的创新！

7.3.2 跨界整合新资源

跨界思维带来的不仅是颠覆，还有一种全新的整合。它的整合是一种在自动化和信息化深入融合的基础上，对各行业资源的重新分配和再利用。

举例来说，一个制造手表的企业生产出一种智能手表，这款手表的功能就是采集使用者的各项身体数据。此类数据对于生产手表的企业来说一点用都没有，但是对于保险公司来说就是价值连城。保险公司完全可以凭借这些数据，对使用者的健康情况进行有效分析，并根据其健康程度开展具有针对性的保险业务（例如，不给患重大疾病的用户上保险等）。

上述例子中，保险公司可以收购手表企业，将使用者身体数据掌握在自己手中，以便实现自身更好的发展，这就是一种跨界整合新资源的具现。甚至可以更进一步，手表企业凭借自身掌握的重要数据，跨界转变为出色的保险公司。

总之，我们正处于一个快速变革的时代，任何资源和数据都有可能在某些行业中取得决定性优势。我们需要根据市场变化情况和自身优势，收集有利于自身发展的新资源，以便实现更快的进步和发展，在竞争激烈的市场中抢占先机。

7.3.3 打造全面化产业链

从本质上说，跨界思维是一种对各行业的独特价值进行无缝嫁接，使本来毫无关系甚至南辕北辙的行业融合在一起，产生巨大创新性变革的思维模式。而若想达到这种效果，使得跨界思维真正落地，我们就要致力于打造全面化产业链，形成产业领域的强力支撑体系。

打造全面化产业链需要注意以下几点。

1. 以“外向思维”解决问题

所谓“外向思维”，就是从产业外部寻找新思路，实现创新性发展。例如，云南白药做牙膏，就是因为正确地利用了跨界思维中的“外向思维”，弱化云南白药止血疗伤的作用，强调其对牙齿和牙龈的保健效果，在投入市场后取得了 30 亿元的出色业绩，成为跨界奇迹的。

2. 多向性思维策划

多向性思维是一种在现有业务基础上，打破传统观念束缚，在拓展业务过程中实现创新的思维模式。例如，娃哈哈杏仁青稞粥，就是打破了传统“八宝粥”的模式，以“清新平衡”为中心理念，塑造的创新性健康食品。它在投入市场后取得了不俗业绩，赢得了很多消费者的支持与喜爱。

3. 综合性融合创新

若想打造全面化产业链，就要综合各行业、多领域优势，实现融合性创新。这种情况要求跨界思维者具备很高的素质，拥有多行业、多文化的营销能力和相关策划技巧。例如，娃哈哈爱迪生奶粉，就是凭借营销策划者出色的综合性思维，成功进军高端奶粉业，实现跨界发展的。

7.4 场景建设

俗话说“在什么地方说什么话”。如果我们在一个场景中说了不符合这个场景的话，就很容易引发周围人群的不满，造成严重的后果。由此可见场景对于说话的重要性。而对于移动电商而言，在开展营销工作时也要注意营造合适的场景，进行符合场景特点的推广活动，这样才能将营销信息顺利传达到目标客户群中，取得良好的营销效果。

7.4.1 场景的选择性

说到场景的选择性，就不得不提一个很有趣的事件，那就是“汪峰上不了头条”。在一段时间内，每次汪峰身上出现一个新闻，总是会被一个更劲爆的新闻抢去风头，导致汪峰上不了头条。

抛开上述事件的娱乐性因素不提，只从场景方面来看，汪峰无法上头条无疑是与场景的撞车有关，换句话说，也就是在场景的选择性上出现了问题。

那么，如何才能选择合适的场景，实现我们的宣传推广目的呢？一般来说，有以下两种办法。

1. 自己营造场景

有实力的企业一般会选择借助自己的资金、影响力等优势，营造出属于自己的独特场景。例如，天猫打造的“双十一购物节”，就通过自己创造场景，获得了大量消费者的持续关注与支持，在每年活动举办期间，都能取得惊人的收益。而“双十一”也成为电商领域中一个不容忽视的强大场景。

2. 借助场景发挥

如果企业的实力不足，则可以选择借助现有场景进行再发挥。例如，从新闻、社会热点中选取场景，进行商业化包装后开展营销活动；将社会化媒体（如微博、微信等）中的热点场景进行合理化发挥，适当添加营销类信息等。此类方法投入成本较低，而且容易取得较好的营销推广效果，比较适合中小企业或移动电商使用。

7.4.2 挖掘日常场景的价值

很多商家都会通过自己营造场景或借助现有场景进行发挥，但他们却忽略了日常经营过程中的小场景，没有去深挖日常场景中蕴含的价值，这对于营销工作来说是很不利的，往往会使商家错过不少营销推广机会。

对于日常场景的挖掘，可以通过以下几个方法来进行。

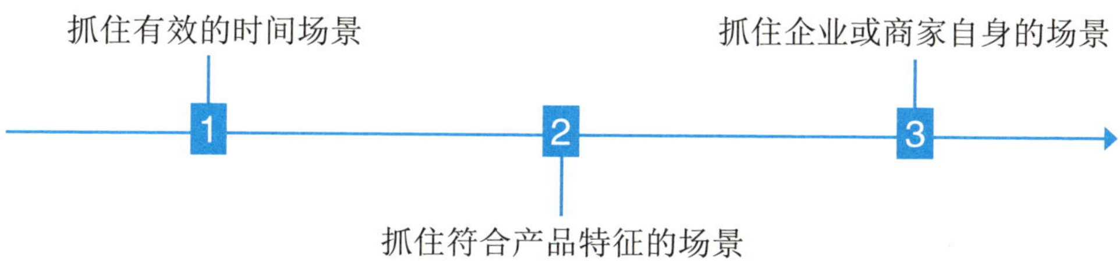

1. 抓住有效的时间场景

在某些特定的时间段（如下班时间），人们往往会集中出现在某些地点，如果商家能够针对这一时间场景进行营销活动，往往可以取得事半功倍的效果。例如，吉乐福快餐，就是抓住了午餐时间人们集中出现在电梯中的特点，在配送快餐时，使用精美礼品盒进行包装，以此吸引了大量关注目光，取得很好的营销效果。

2. 抓住符合产品特征的场景

我们在利用日常场景开展营销活动时，除了要注意时间场景之外，还要注意使场景符合售卖产品的特征和所属行业的特性，这样才能起到良好的促销效果。例如，“乔东家”驴肉火烧，就是通过新鲜有趣、充满个性化的叫卖策略引发热火朝天的售卖景象的。

3. 抓住企业或商家自身的场景

企业或商家在自身的发展过程中，往往会遇到各种各样的日常场景，如果能够抓住其中的某些关键节点，开展具有针对性的营销活动，就会起到很好的传播推广效果。例如，加多宝利用败诉的机会，在官方微博发了一组有关“对不起”的营销图片，大打悲情牌，引发了很多网友的同情和支持，反倒为自身品牌做了一次很好的宣传推广。

7.4.3 场景体验的重要性

现代社会越发讲究场景体验。顾客在购买产品时，除了要看产品的质量是否过硬、服务是否出色之外，还注重能否得到良好的场景体验。只有当顾客对场景体验的需求得到满足时，他们才会对商家感到满意，从而更易产生持续性的购买行为。那么，怎样才能使顾客得到良好的场景体验呢？

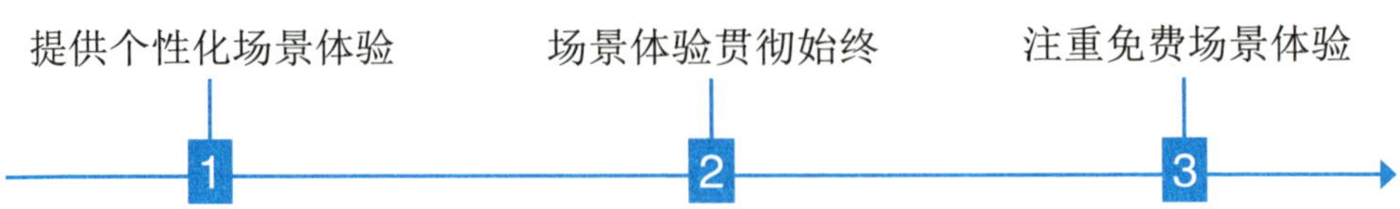

1. 提供个性化场景体验

即使是同样的产品，如果放在不同的场景下，顾客对它的需求也是有差异的，所以我们要根据场景的不同特点，为顾客提供个性化的场景体验。例如，星巴克咖啡，其场景的特点就是标准化和商务化；而猫咖啡则强调古典范儿的小资情调。虽然它们都是咖啡店，却为顾客提供了截然不同的场景体验，这一点是值得我们思考借鉴的。

2. 场景体验贯彻始终

我们在为顾客提供场景体验时，要使场景体验涉及各个环节，形成一个全流程的出色体验，这样才能获得顾客由衷的好感。例如，将场景体验融入线上、线下各渠道及手机、电脑、电视等各终端，形成一种全渠道、全终端的闭环消费体验，使顾客在消费过程中得到最大的愉悦感。

3. 注重免费场景体验

当我们为顾客提供免费的场景体验时（例如，影视剧播放、休息区服务等），往往会吸引很多顾客的关注目光，起到较好的营销推广效果。然而需要注意的是，这些场景体验尽管免费，但我们同样要做到最好，不能敷衍了事，这样才能获得顾客最大程度上的好感，从而引发持续的购买行为。

7.4.4 构建“本地场景”

我们一般都会有这样的经验：喜欢一家店铺并经常去光顾，时间长了就与店主变得熟悉起来，店主往往会为我们提供一些额外的小服务（例如，减去价格上的“零头”，送一些赠品等）。这会使我们得到更好的购物体验，并愿意为这家店做宣传，引导我们的亲戚朋友来店里消费。这就是一种“本地场景”的具现。

其实，构建“本地场景”有很多好处。例如，更易增加顾客的黏性和忠诚度，在商品配送环节更加快捷等。而且因为地理上的优势，很容易形成比较稳固的“熟客集团”，使熟客们在各自的圈子中对产品或服务进行传播，变相为商家做营销推广活动。

此外，随着移动技术的不断发展，商家可以通过手机定位系统找到附近的顾客，并引导他们来到线下实体店进行消费。这就加强了线上与线下的联系，使商家更易做到精准营销和个性化推荐，进而产生良好的经济效益。例如，海口 K5 便利店，就是利用本地地理位置特性，结合自身的商业特点，通过微信“找朋友”功能，吸引了很多顾客关注并取得了良好的营销效果的。

7.4.5 以场景激发购买欲

我们构建场景，往往是为了构建出更好的购物氛围，以便顺利开展营销活动，促使顾客对产品或服务进行购买。在这个过程中，如果场景能够满足顾客的某些兴趣和需求，则很容易激发顾客的购买欲望，进而产生真实的收益。

那么，在构建场景时，怎样做才能激发顾客的购买欲呢？

1. 准确把握销售时机

销售时机的产生时间很短，而且稍纵即逝，这往往需要我们在极短的时间内做出有效判断。而若想成功做到这一点，我们就要注意收集顾客在网络上的购物行为数据和个人偏好信息，并对此进行有效分析，在此基础上对销售时机进行准确把握。

2. 采取差异化营销策略

面对不同的顾客，我们需要采取不同的营销策略，这样才能在最大程度上满足大多数顾客的需求，产生最优化的营销效果。

3. 避开太过激烈的竞争

如果一个时机被很多人同时看到，那就意味着非常激烈的竞争。比如春晚之前半小时中央一台所播出的广告，热播影视剧前所播出的广告等。这些时机都是很好的场景，但是加入其中往往需要有较强的实力和较大的投入，并经历激烈化的竞争。而对于实力有限的商家来说，避开此类场景，寻找一些以目前实力能够承担的场景进入，才是理想化的选择。

Part8

创业实例

移动电商创业之盈利模式

8.1 微商模式

微商是移动电商中一个很重要的类别。它是一种依托于微信平台，以朋友圈营销等方式为主要特点的新兴电商群体。随着移动技术和微信平台技术的不断发展和完善，微商显现出极大的经济价值和发展潜力，对有志于移动电商创业的个人和群体来说，微商是一个不容错过的良好选择。

8.1.1 移动风口下的微商创业

在移动互联网快速发展的今天，微商创业已经成为风口所在。借用小米总裁雷军的话来说就是，只要站在风口，一头猪都可以飞起来！由此可见微商创业的美好前景。

那么，微商创业的优势到底体现在哪些方面呢?

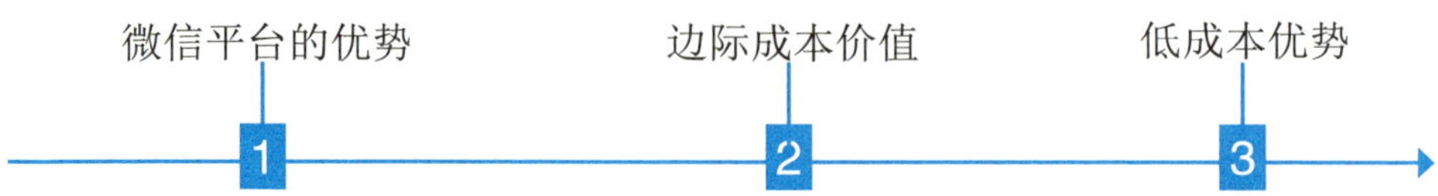

1. 微信平台的优势

相较于传统的社交平台，微信拥有海量用户，其传播范围十分广泛，这就为商家开展营销活动提供了很好的基础。另外，微信不仅限于文本传输方式，还可以通过图片、语音、视频等多种方式进行传播，商家能够与用户展开随时随地的交流，并分享各类信息，从而能够引发用户的持续关注。

2. 边际成本价值

什么是边际价值呢？可以理解为金钱以外的关系价值。因为微商经营的基础就是与客户保持良好的关系，而关系往往是在销售结束后开始的，这就与传统销售的“一锤子买卖”大相径庭。比如当客户购买产品时，我们可以加他为微信好友，并在平时展开交流互动（朋友圈点赞、节假日祝福等），维持彼此间的友好关系，进而引发重复购买行为。

3. 低成本优势

微商创业所需成本很低，既不需要固定的经营场所，也不需要大量的资金投入，往往只需一台智能手机和一些空闲时间就足够了。这就为一些弱势创业群体，如大学生、自由职业人员等，提供了很好的创业机会。他们可以充分利用身边有限的资源，实现自己创业的梦想。

8.1.2 心理和行动方面的挑战

微商创业虽然是一股无法阻挡的潮流，然而想要真正做好却也是不容易的。我们在创业的过程中往往要面对一些心理和行动方面的挑战。只有成功战胜这些挑战，我们才能更好地坚持下去，实现快速的发展与进步。

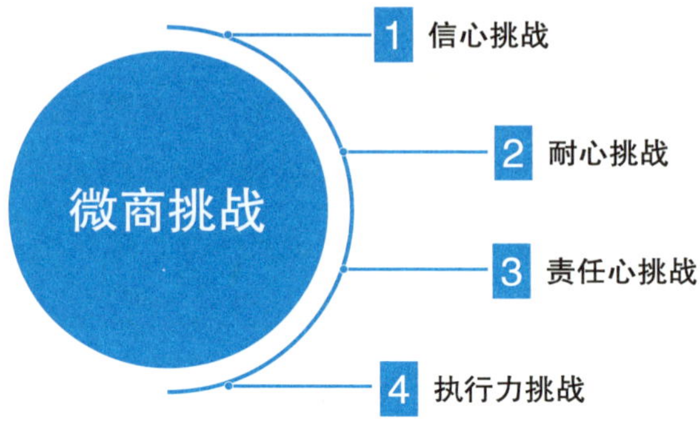

1. 信心挑战

微商若想创业成功，具备充足的信心是十分重要的。因为它作为一种新产业，在很多人看来都是非主流、不靠谱的，这些人中甚至包含了我们身边的亲戚和朋友。这种情况很像是多年前的淘宝，当时人们大多对其抱有怀疑、观望的态度，并不支持。所以，在我们踏入微商行业的第一刻起，面对的首要挑战就是信心关。

2. 耐心挑战

微商的进入门槛非常低，几乎所有人都可以成为一个微商。但是若想取得长远的发展，创造出良好的业绩，往往就需要我们长期的坚持。尤其是在初始阶段，粉丝数量较少，每日辛苦发送营销图文信息却无法取得明显的效果。在这种时候，我们应该通过与粉丝间持续的交流互动，精心设计有吸引力的内容，在一点一滴的努力中积累粉丝，获取他们的好感与支持。

3. 责任心挑战

俗话说：世上无难事，只怕有心人。微商经营也是如此。只有树立起对微商行业的责任心，注重日常的学习与积累，在实战过程中不断总结经营方法与相关技巧，才能取得优异的成绩，实现跨越式发展。

4. 执行力挑战

对微商来说，学得再多、说得再多都是虚空的，只有将其应用到实践过程中去，才能产生实际的效果，取得真正的收益。例如，在通讯录中加好友，每天在朋友圈发送营销信息，与客户展开互动交流活动等，这些事情只能依靠自己来完成。

在微商市场竞争愈加激烈的今天，谁能拥有更高的执行力，更快一步将好的理论和方法应用到实际经营过程中，谁就能多一点机会，在相关市场中赢得先机。

8.1.3 微商定位方法

对微商创业者而言，定位并不陌生，甚至有很多人都时常把这两个字挂在口边。但是，对于到底什么是微商定位，微商定位又有什么作用，大多数人却没有认真思考过。接下来，我们就来看一看微商的具体定位方法。

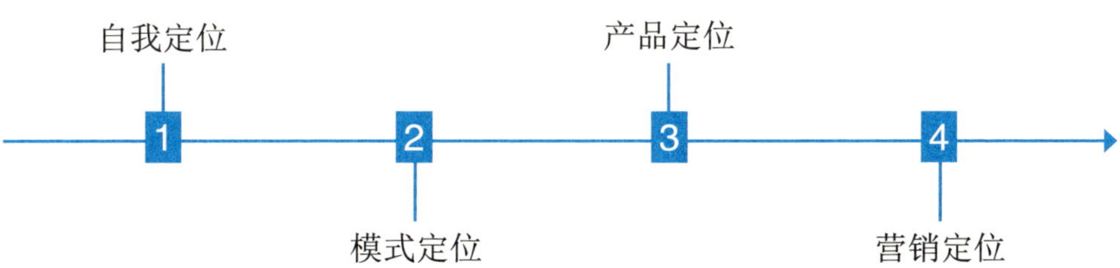

1. 自我定位

微商在做定位的时候，首先要做的就是自我定位，而自我定位又分为角色定位与方向定位。

角色定位	• 角色定位其实就是搞清楚“我是谁”的问题，分清自己到底是个人微商还是企业微商，然后根据角色定位的不同，开展具有不同特点的经营活动
方向定位	• 所谓方向定位，其实就是弄清创业者的爱好和兴趣、特长与资源并在两者间找到一个最佳的结合点，开展具有明确方向性的经营活动

2. 模式定位

模式定位就是选择适合于自己的经营模式，具体包括单纯加好友的粉丝数量模式，强调互动交流服务的服务关系模式，以发展代理商为主的代理渠道模式，自创品牌或依托现有品牌优势的品牌资源模式，以及线上结合线下的 O2O 模式。

需要注意的是，上述模式各有优劣势，我们需要根据自身情况和目标客户需求，选择其中一种或几种结合的经营模式，从而取得最优化的发展。

3. 产品定位

创业者若想创业成功，就离不开产品这一基本要素。对微商来说，选择适合自己经营的产品，往往可以吸引大量粉丝的关注，取得事半功倍的效果。具体方法是，选择重复消费性强、性价比高的产品，比如化妆品、零食等，就是不错的经营选择。

4. 营销定位

微商在做好上述三项定位之后，如果想要真正实现创业成功，还要做好市场营销方面的定位。换句话说，就是以客户体验为中心，选择适合于目标客户的产品，展开合理化经营活动，以求在最大程度上满足客户对于产品和服务的需求。例如，面膜产品，就要选择具有一定经济实力、爱美的女性客户，这样才更容易取得良好的营销售卖效果。

8.1.4 微商的线上引流

线上引流是微商获取大量粉丝支持，实现自身快速发展的重要手段。那么，怎样才能成功做到线上引流呢？答案是通过网络三大巨头体系来实现，也就是百度系、阿里系和腾讯系引流。

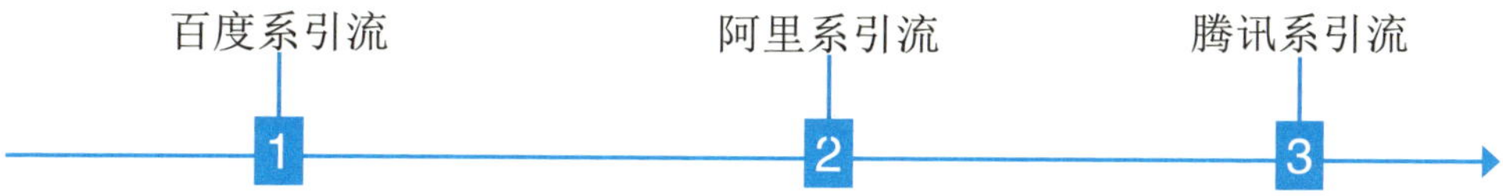

1. 百度系引流

百度作为中国第一大搜索引擎，其用户基数十分庞大。我们可以通过百度百科、百度知道、百度贴吧、百度文库、百度问答等平台，发送营销推广类信息，以此取得良好的引流效果。

需要注意的是，百度系引流需要较高的专业水平，操作过程较为复杂。我们可以通过雇用专业人士的方式，让其替我们完成相关操作。例如，编辑百度百科 1000 元左右，一条百度知道 2 元左右。

2. 阿里系引流

阿里巴巴掌握着天猫和淘宝，后两者是中国电商平台中的巨头，拥有极大的流量优势。我们可以通过在现有的阿里系产品中投放营销类信息（淘宝论坛、淘宝商品评价等），或是在淘宝等平台开店宣传的方式，来吸引更多用户关注，达到自身的引流目的。

3. 腾讯系引流

QQ 和微信的用户都达到了几亿人，如果我们在 QQ 和微信平台上开展引流活动，往往可以取得出色的引流效果。例如，QQ 群引流、QQ 空间引流、微信好友互推、微信群引流、微信公众号引流等，都是很好的引流方式。

8.1.5 微商的线下引流

在开展营销活动的过程中，微商往往只关注线上引流，而忽视了线下引流。其实，这是一种片面的做法。在移动互联网快速发展的今天，我们只有充分重视线下引流工作，做到线上与线下的有效结合，才能起到最优化的引流效果。

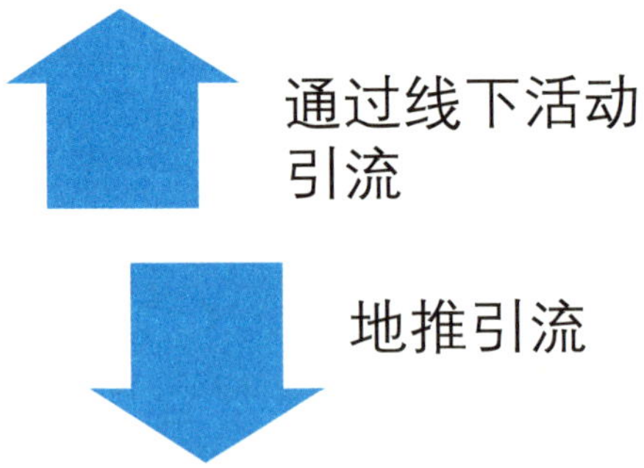

1. 通过线下活动引流

线下活动有很多，例如，旅游、聚会、学习等。我们可以通过举办聚会类活动、培训类活动和公益类活动等，达到吸粉吸睛的效果。需要注意的是，线下活动最好与微商的经营产品相匹配，且与其兴趣、特长相吻合，这样才能与粉丝做到友好互动，取得良好的引流效果。

2. 地推引流

除了一些个人举办的线下活动之外，我们还可以采用商业化的地推方式，来达到线下引流的目的。例如，路演扫码活动、发放传单、与门店合作推广二维码等，都是很好的地推活动形式，可以取得较好的线下引流效果。

此外，某些大型市场往往入驻着很多商家，而商家们一般拥有名片，如果微商能够收集这些名片，掌握了名片中的联系电话和 QQ 号码等信息，就可以通过微信的通讯录等功能，将他们加为微信好友。

8.1.6 朋友圈营销策略

对微商来说，维持与客户间的关系比销售还要重要，因为从某种意义上说，做微商其实就是在做关系。而朋友圈，就是微商维系关系，开展营销活动的重要阵地。

既然朋友圈如此重要，那么我们应该如何做朋友圈营销呢？主要有以下几种方法。

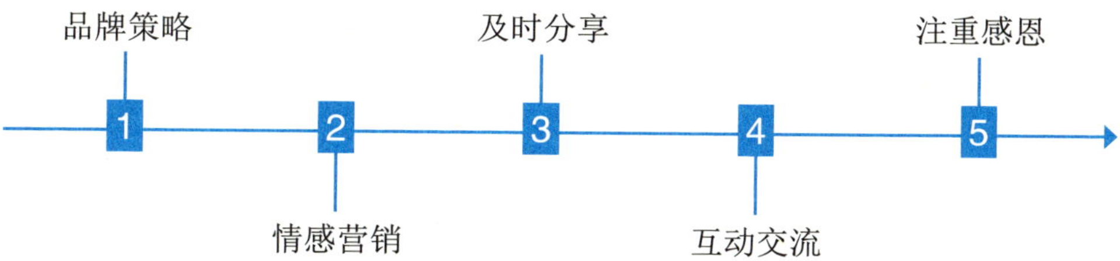

1. 品牌策略

千万不要以为塑造品牌只是大企业该做的事，作为微商，我们也要塑造属于我们自己的个人品牌，并努力让客户认可这个品牌，这样才能起到很好的营销推广效果。具体做法就是在朋友圈多发一些有关个人生活状态、感悟之类的信息，为客户提供积极的、正能量的东西，这样做有利于个人品牌的形成。

2. 情感营销

情感营销的关键是先通过各种手段与客户拉关系、做交流，等到客户对我们产生足够的好感之后，再循序渐进地开展营销活动。需要注意的是，发送产品推广信息要有时有度，既不要选择在客户很忙的阶段发送，也不要一次性大量发送，以免引起客户反感。

3. 及时分享

如果客户购买了我们的产品，我们就要及时在朋友圈内分享相关信息。这样做的目的是使其他客户认识到我们的产品卖得很好，能够给客户提供很好的购物体验，从而激发他们的购买欲望，产生更多的购买行为。

此外，分享时要注意将订单信息、对话信息等发送出去，以此来增强售卖信息的真实性。

4. 互动交流

我们要多关注客户的朋友圈信息，及时对他们所发的信息点赞和评论，并在节假日送上节日祝福。这样做很容易收获客户的好感，使他们更愿意购买我们的产品。

5. 注重感恩

一旦客户产生购买行为，不管交易额和交易数量大小，我们都要表示感谢，而且是在朋友圈内当着所有客户的面表示感谢。这样做能够凸显出我们的感恩心理，使我们更容易得到客户的认可和支持，进而产生更好的宣传推广效果。

8.1.7 微信群管理方法

很多微信群在建立之初往往十分火热，成员们更是在群内聊得热火朝天，但是在经历了几个月的发展后，微信群往往就会陷入沉寂，甚至成为某些成员打广告的平台。出现这种情况，就是因为微信群的管理出现了问题。

那么，如何管理微信群才能使其实现健康、稳定的发展呢？大概有以下几个方面需要我们注意。

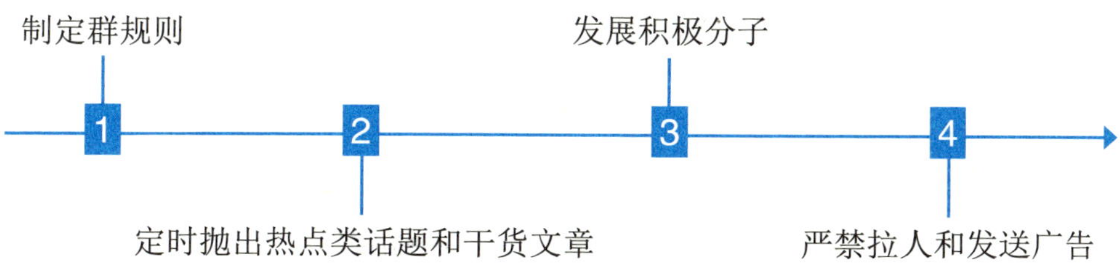

1. 制定群规则

群主在建群之初，就要制定微信群的相关规则（如讨论时间范围、讨论主题限定、禁忌用语等），将其发到群里让所有成员看到，然后在群运营过程中定期重复发送，并号召所有成员严格遵守。这样做可以很好地规范成员的行为，引导整个微信群实现健康发展。

2. 定时抛出热点类话题和干货文章

微信群是否有价值，在很大程度上取决于群的活跃度。而若想实现较高的活跃度，就需要群主定时抛出一些热点类话题和干货文章。因为热点类话题很容易引发持续性的讨论，而干货文章则会引发大量成员的关注兴趣，它们都可以起到提高活跃度的作用。

3. 发展积极分子

几乎每个微信群中都会存在一些积极分子。他们的数量一般不会很多，但却是群内真正的活跃者和骨干，他们往往具有助人为乐、勇于发问、耐心解答问题等优秀特质。群主应该重点关注这些积极分子，并努力争取他们的支持，这对于管理微信群、提升微信群的价值很有助益。

4. 严禁拉人和发送广告

现在建立微信群很容易，但是维持下去却很难，其中很重要的原因就是无限制地拉人和铺天盖地地发送广告。群主应该制定严格的相关规则和成员准入标准，禁止群成员随意拉人和发送群内广告，一经触犯立即踢出群，这样才能在源头上杜绝此类不良行为，使微信群能够在健康发展的道路上走得更远。

8.1.8 微商的客户管理方法

若想做好微商，就必须与客户建立良好的关系，换句话说，也就是掌握管理客户的有效方法。这对微商来说十分重要，是微商顺利开展经营活动、实现快速发展的必要保证。

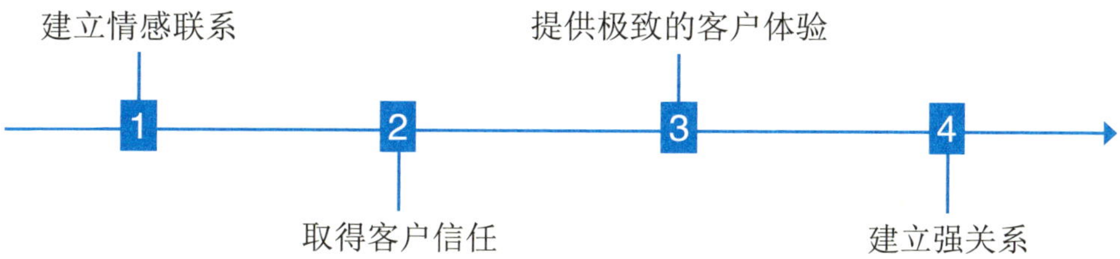

1. 建立情感联系

在移动互联网时代，客户除了看重产品和服务的质量之外，更看重自己情感上的需求能否得到满足。比如我们可以在卖产品时多讲一些情感故事，在营销信息中加入一些娱乐互动性因素等，这些都是很好的情感营销方法，容易引发客户情感上的共鸣，进而取得较好的营销效果。

2. 取得客户信任

要想客户购买我们的产品，建立彼此间的信任感是很重要的。我们可以通过一些小技巧（如使用真实头像、展现真实生活、展现产品的权威认证图片等）来达到争取客户信任的目的。需要注意的是，建立信任感是一个长期的过程，需要我们不断坚持下去，从一点一滴的小事做起，这样才能取得成效，与客户建立起真正的信任。

3. 提供极致的客户体验

我们在为客户提供服务时，不能只是为了成交而成交，而要为客户提供极致的购物体验，这样才能获得客户最大程度的好感。例如，某微商卖小饰品，在客户购买前会提供详细的品类推荐，在客户购买后会提供快速的配送服务和贴心的查访服务。这就是为客户提供极致体验的体现。

4. 建立强关系

与客户成功建立了关系并不意味着成功，如何将这种关系转变为长期、稳固的强关系，才是我们应该认真考虑的事情。我们可以通过开展同城或异地活动，建立线下体验店，定期向老客户进行需求调查等方式，不断加深与客户间的联系，与客户实现友好的互动交流，从而达到建立强关系的最终目的。

8.2 移动淘宝模式

在如今这个时代，淘宝无疑是阿里系的重要基石，很多所谓的“明星产品”都是在淘宝的基础上产生的，比如天猫、支付宝以及去啊等。而在移动互联网方面，淘宝深得“快、狠、准”三字精要，先后发布了手机淘宝、手机支付宝钱包等产品，进军移动端市场，实现了淘宝在移动网络领域的全新布局。

8.2.1 移动淘宝的无线发展

在移动互联网时代到来之际，拥有 PC 端基因的阿里巴巴在移动端展开了一系列尝试，如推出“来往”（一款类似微信的社交软件），收购高德、UC 等带有移动端基因的企业等。而其中最重要的，无疑是推出了手机淘宝。

手机淘宝是淘宝在移动端的全新尝试，前者来源于后者，却又具有后者所不具备的新特点。首先，手机淘宝的外延性更大，它的功能已经不仅限于购物，更重要的是成为一个生活消费的入口，用户能够利用它满足自己在日常生活中的各种需求。例如，餐馆订餐、电影订票、KTV 包厢预订等，都可以通过移动淘宝实现，而且不受时间和地理位置的限制。其次，手机淘宝可以通过移动端地理定位功能，使商家了解到附近客户的位置，从而展开具有针对性的精准营销活动。

除此之外，手机淘宝还从一些很简单的行业切入，以在最大程度上满足用户的日常需求。例如，我们经常见到的外卖服务，就是这种情况的体现。总之，手机淘宝所做的事，正是我们在实际生活场景中所需要得到的东西，从这一点来说，它确实做到了以客户需求为中心。在可以预见的未来，手机淘宝将会取得更好的进步和发展。

8.2.2 移动淘宝的运营策略

随着移动端软硬件技术的不断发展，移动互联网已是大势所趋。在这种趋势下，很多商家都越发注重移动端的运营。而作为移动端商务类 App 的代表，手机淘宝也落入商家们眼中，成为他们开展经营活动的良好选择。接下来，我们就来看一些与手机淘宝有关的运营策略吧！

1. 寻找合适的货源

好的开始意味着成功了一半。手机淘宝运营也是如此，我们首先要做到的就是找到适合于移动端经营的商品。目标用户群的差异，使得在 PC 端售卖成绩良好的商品不一定适合进入移动端。一般来说，我们可以看平均访客价值 IPV（成交金额 / 访客数）和收藏率（收藏数 / 访客数）两个数据，以此判断商品是否具备足够的盈利能力，推出后能否受到目标市场的欢迎，然后根据此类分析选择合适的商品。

2. 寻找适用于宝贝的行业热词

在我们选好商品之后，接下来就是添加合适的热词为商品做推广了。我们可以选择一些适合商品的移动端行业热词，并对这些热词的搜索量、转化率、竞争度以及各入口销量进行综合统计分析，选择优势明显的热词进行添加。

3. 及时更换热词

热词设置好后，经过一段时间的发展，我们要根据现实情况及时更换热词。例如，商品销量已经达到了我们的预期标准，或是当前热词已经无法起到很好的吸睛效果，导致销量下降等。在这些时候，我们就可以对相关数据进行重新统计分析，找出当前最为合适的热词，进行热词替换。

8.2.3 移动淘宝店的管理流程

当我们在移动端开设了一个手机淘宝店后，接下来就是店铺的管理了。一般来说，商家可以通过下载千牛 App，利用千牛 App 的各项商品管理功能，对手机淘宝店进行流程管理。

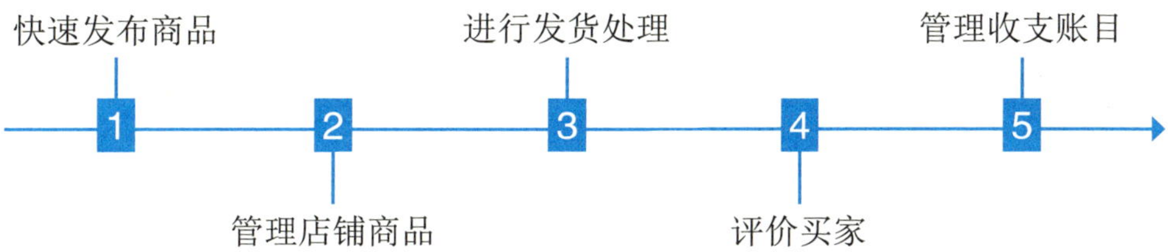

1. 快速发布商品

商家可以在千牛的功能界面（宝贝详情、商品管理等）中，通过各类操作，批量发布商品，下架处于出售过程中的商品，或是上架仓库中处于已下架状态的商品。

2. 管理店铺商品

商家可以在“商品管理”界面对商品的基本属性、销售信息和物流信息等进行修改，以此来实现对店铺商品的有效管理。

3. 进行发货处理

顾客购买产品之后，往往希望能够及时收到货物。如果商家无法满足顾客的这种需求，顾客就会对商家感到不满。所以，商家应该在顾客下单后，做到及时发货。一般来说，只要商家进入千牛软件中的交易管理界面，按照相关引导和提示，就可完成发货流程。

需要注意的是，如果商家是首次使用交易管理功能，就需要授权，在将相关条款阅读完毕后选择“立即授权”即可。

4. 评价买家

当客户收到商品后，商家和顾客需要进行相互评价。顾客的评价直接影响到淘宝店铺的信誉和生意情况，而商家对顾客的评价也会对顾客今后的购买行为产生一定的影响。所以双方都应该本着实事求是的态度，做出相对客观的评价。

5. 管理收支账目

商家可以通过支付宝来管理收支账目情况，其好处在于能够及时获得顾客的付款情况，省时省力。而且通过交易管理功能，商家能够对每笔交易的相关信息进行及时、清晰的记录，十分省心。

交易的具体流程是，当顾客收到商品后，就会在淘宝上进行收货确认，此时支付宝就会将资金打入商家的账号中，然后商家就可以从自己的支付宝账户中提取现金了。

8.2.4 移动淘宝的推广模式

同样是手机淘宝店，有的店日进斗金，有的店却门可罗雀，究其原因，还是与商家的推广手段是否有效有关。在移动互联网时代，即使我们有好的商品，也必须通过有效的宣传推广手段将其推广出去，这样才能使我们的店从众多店铺中脱颖而出，使我们的商品实现热卖。

一般来说，手机淘宝店的推广分为以下两个步骤。

1. 选择推广渠道

现在移动端的推广渠道很多，例如，淘宝客、直通车、官方活动、我淘网以及第三方 U 站等。这些渠道各有优势，可以供商家进行组合选择。需要注意的是，淘宝客和直通车无法看到十分详细的移动端数据，商家可以通过相关工具，参考同价位商品在 PC 端的相关数据。

2. 制订推广计划

当我们选好推广渠道后，接下来就是制订有效的推广计划了。我们可以根据现阶段产品售卖特点，选择合适的阶段性产品关键词；也可以预计推广活动的相关费用，并计算流量、销量和流量占比等相关数据。当然，最终我们要将这些东西归纳总结，融入我们的计划之中，以使计划变得更加完善。

8.2.5 移动淘宝的未来发展

移动淘宝和支付宝钱包是阿里巴巴重点推出的移动端产品，意在以电商和支付基因对抗具有社交基因、占据用户流量优势的微信。其中手机淘宝尤为重要，它甚至成为了阿里巴巴在移动端的支柱性产品。

其实，移动淘宝和美团很像，兼具着移动电商平台和生活服务平台的双重角色，而后一种角色更是使它区别于传统的 PC 端淘宝。例如，2014 年推出的“外卖淘点点”，就是手机淘宝为了满足用户日常的“食住用娱”需求推出的生活类服务。而类似的服务，手机淘宝已经推出了一万多种。

在过去的十几年间，淘宝网对传统零售业形成了很大冲击，其交易额甚至达到了每年两万亿元以上，相当于中国很多省份的 GDP。这为手机淘宝提供了坚实的物质类基础和很好的发展机遇，只要手机淘宝能够利用好其中的一小部分资源，就很容易实现快速、高效的发展。

当然，面临机遇的同时也意味着挑战。移动端市场毕竟与 PC 端市场不尽相同，很多 PC 端淘宝的成功经验放在移动端就不一定合适，甚至会产生反效果。此外，美团、58 同城等生活服务类平台的快速发展，也给手机淘宝带来了很大的竞争压力。

总之，移动淘宝若想实现健康高效的发展，并在同领域中一直占据优势，就要勇于否定传统思维，不断做出符合时代发展与自身特质的创新。只有这样，它才能在竞争激烈的移动市场中抢占先机，无论面对何种形势，始终屹立不倒。

8.3 移动广告模式

所谓移动广告，就是我们在使用智能手机、平板电脑等移动设备对移动网页或移动应用进行访问时，屏幕所显示的广告。这些广告的形式多种多样，例如，图片、文字、链接、视频、插播广告等。移动电商在开展经营活动时，可以借助移动广告的营销宣传作用，对自己的产品或服务进行广泛化传播。

8.3.1 移动广告的特点

随着移动广告技术的不断发展，如智能广告、插屏广告、原生广告、重力感应广告等不同形式的广告开始在移动端逐渐普及，并被很多人接受。经营者们也开始认识到其中蕴藏的巨大机会，纷纷进入这一领域，抢占移动广告市场。那么，移动广告为何能取得如此快速的发展，又为何能得到如此多经营者的青睐呢？要想解答这个问题，就不得不从移动广告的特点谈起。

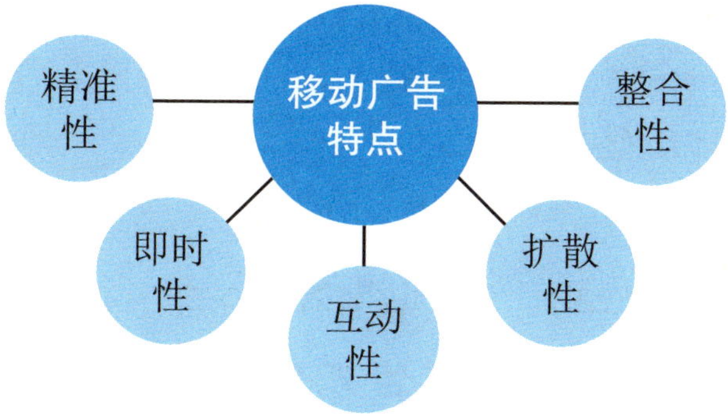

1. 精准性

相较于传统广告，移动广告在先天上就有精准性的优势。它可以通过收集手机用户的购物习惯和个人偏好等数据，推送具有针对性的广告信息，从而做到精准营销。

2. 即时性

智能手机具有可随身携带的特性，用户可以随时随地上网，浏览其所关心的信息。而依托于移动端的移动广告，就可以根据这一特性，发布及时有效的广告信息，使用户能够在第一时间看到。

3. 互动性

移动广告可以为广告主和用户双方提供互动交流功能。广告主可以通过移动广告中的调查类信息了解用户的真实需求；用户也可以通过提出自己的改进意见，提高参与感，得到更好的服务体验。

4. 扩散性

通过微信、短信、微博等不同方式，用户可以把自己觉得有用的移动广告及时转发出去，在自己的圈子中产生扩散传播效应，引发较大的反响。

5. 整合性

移动广告将文字、声音、图像、动画等不同因素整合在一起，并通过智能手机终端表现出来，从而在最大程度上满足了用户的购物、娱乐等需求。

除此之外，移动广告还具有可测性或可追踪性的特点，可供商家准确统计目标用户数量和其他相关数据。

8.3.2 移动广告如何定位

很多移动广告都采用简单粗暴的“广撒网”模式，并希望以此来获取更多用户的关注，起到良好的营销推广效果。但是实际情况是，用户对于此类同质化严重、缺乏有效信息的广告兴趣乏乏，甚至是心怀厌恶。长此以往，很容易败坏整个移动广告业的名声，造成严重的后果。

实际上，移动广告要想做好，不能仅靠数量，也不能单独靠质量，而是要做好广告定位，在合理化定位的基础上，满足目标用户的真实需求，从而实现移动广告健康、快速的发展。

移动广告的定位主要分为以下几个方面。

1. 针对性定位

我们要想做出有效的移动广告定位，第一步就是找到具有特定需求的目标人群，然后做出具有针对性的广告定位。比如我们的广告是有关年轻人时尚服饰的，我们就要把广告发送到 90 后、00 后等年轻人群中，而舍弃其他不合适的人群。

2. 覆盖性宣传

在确定了目标人群之后，我们就要在目标人群中展开覆盖性宣传，具体方法是线上线下活动相结合，例如，在微信、微博、论坛上进行宣传推广类活动，举办线下的优惠类、体验类活动等。总之，我们要尽最大可能提高广告在目标人群中的有效覆盖率，让更多目标用户了解到我们的广告和产品。

3. 提高变现能力

宣传的目的就是变现，所以我们还要提高目标用户的变现能力。这就需要我们通过收集不同用户的移动端数据，例如，偏好数据、支付数据等，以用户的需求偏好和经济实力为基础，做出适合用户的精准发送。这样做有利于获得用户的好感，更易使其产生真实购买行为。

8.3.3 移动广告的优化平台

移动广告有很多优化平台，它们为广告主提供了专业化的管理平台，能够使广告主更易进行精准、高效的广告投放，从而取得公正、可观的广告收益。下面，我们就来看几种典型的优化平台吧！

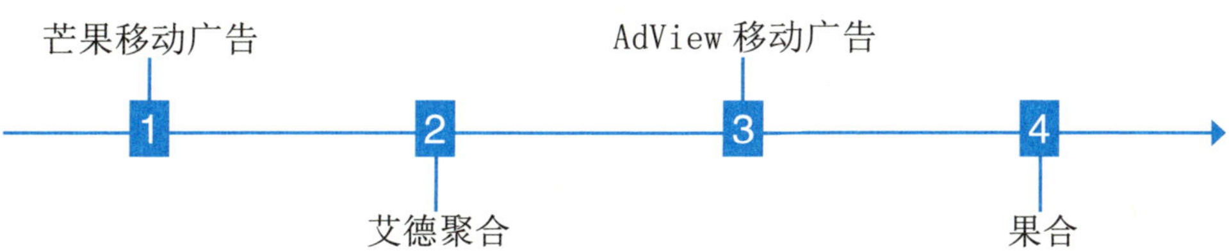

1. 芒果移动广告

芒果移动广告平台以领先于同行业的实时竞价方式，大幅度提高了广告交易的效率，并精准结合了广告需求与供给，为 App 开发者、各需求方伙伴以及广告主带来了可观的收益。

2. 艾德聚合

艾德聚合是一个具有 RTB（实时竞价）功能的移动广告聚合平台。其特点是可以对国内外主流移动广告平台进行整合，并统一管理相关广告功能。对广告主和开发者来说，艾德聚合的操作十分简单，可以与很多广告平台进行搭配使用。

3. AdView 移动广告

AdView 移动广告平台是一种移动广告管理平台，它专门为开发者（Android 和 iOS）提供免费服务，并支持国内外多家相关平台实现自由转换（有米、多盟、iAD、百度等），以此来帮助开发者植入不同的广告平台，提高广告普及比率，从而实现广告收益的最大化。

4. 果合

果合移动广告的主要针对对象是国内的开发者，它可以在点击率优化、单价优化填充率优化等多方面为开发者提供智能优化收入的帮助。

8.3.4 移动广告的收费方式

前面我们已经讲过很多有关移动广告的知识，但是对于移动广告的收费方式却没有涉及。下面我们就其中几种主要的收费方式来介绍一下。

1.CPM

即千人成本，是一种按访问人次收费的方式，一般以千人为单位衡量。其计算方式如下：

CPM=（广告费用 / 到达人数）×1000

2.CPC

这是一种按点击次数收费的方式，一般是每点击一次计算一次费用。这种方式对于点击率有限制，可以起到很好的预防作弊作用。

3.CPA

CPA 是以广告的实际投放效果进行计价收费的，而这种方式的计费依据是用户有效回应的问卷或订单，它并不限制广告投放量。需要注意的是，这种计较方式对网站往往具有一些风险，但如果投放广告成功，收益也会相当可观。

4.CPS

这是一种以产品的实际销售提成为标准，换算广告金额的方式。换句话说，也就是一种在成功销售基础上，抽取一定量的佣金的合作方式。这种方式可以在很大程度上为广告主规避现有的广告费用风险，比较适合具有可查看或可支付功能网页中的商品使用。

除此之外，移动广告还有 CPD（按天收费）、dCPM（依据不同投放效果进行实时计算）等不同收费方式。广告主需要对移动广告平台的稳定性以及媒介资源深度等因素进行综合性考量，从而选出适用于自己的收费方式。

8.4 移动支付模式

几年之前，人们使用手机主要是为了打电话或发短信，而随着移动互联网的发展以及智能手机的普及，多种多样的手机 App 出现在了人们的视野中，极大地改变了大家的生活方式。同时，手机支付方式使得人们的消费模式发生了全新的改变，如今我们上街可以不用携带钱包或银行卡，只要有一款智能手机，不管是购物、吃饭还是看电影，都可以轻松实现。

8.4.1 移动支付的基本概念

移动支付又名手机支付，是指交易双方利用通信网络和移动终端设备来实现某种货物或服务的商业交易活动。用于移动支付的移动终端既可以是手机，也可以是 PDA 或移动 PC 等。

回到现实生活中来，我们平时所说的移动支付大部分指的是手机支付（Mobile Payment），也就是买卖双方利用手机或者相关支付设备，在流量和网络信号的支持下进行交易。那么一般人们常用的移动支付有哪些呢?

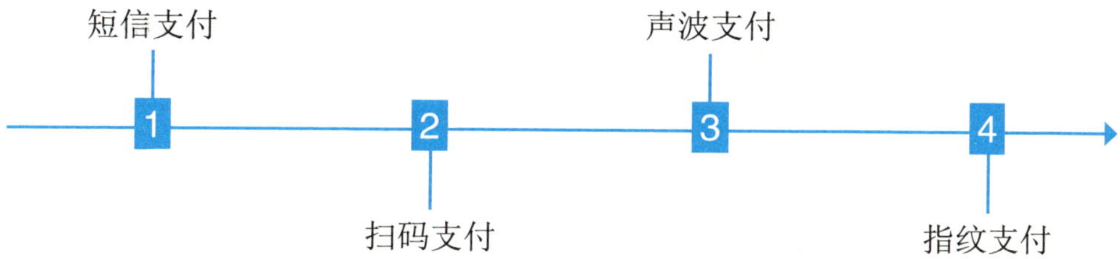

1. 短信支付

利用手机短信进行支付这一方式运用得最早，过去很多人喜欢用短信来支付游戏币，只要按照短信指令进行交易支付即可，操作非常简单。

2. 扫码支付

作为目前最火的支付方式，扫码支付在账户体系的基础上搭建而成，也是较新的一种支付方式。常见的扫码支付方式包括支付宝扫码支付和微信扫码支付等，具体的做法是卖方将账号和价格等信息生成二维码形式，然后买方只要通过手机 App 扫码就可以实现交易支付，随后卖方就可以根据交易信息为买方进行配货和发送商品了。

3. 声波支付

声波支付是新发展起来的一种支付方式，它通过声波传输来帮助两个设备实现近场识别。比如手机客户端有了声波支付功能之后，人们在进行支付时只要将手机的麦克风对准收款方的麦克风就可以轻松实现交易支付。

4. 指纹支付

指纹支付就是利用指纹系统来进行消费认证。只要利用指纹在指纹消费折扣联盟平台会员注册成为会员，就可以轻松使用指纹来进行支付了。指纹具有独特性和唯一性，因此广受追捧，但我们的指纹又可能出现在任何地方，所以也存在一定的危险性。

8.4.2 移动支付的支付方式

移动支付的支付方式可以分为近场支付和远程支付两种。

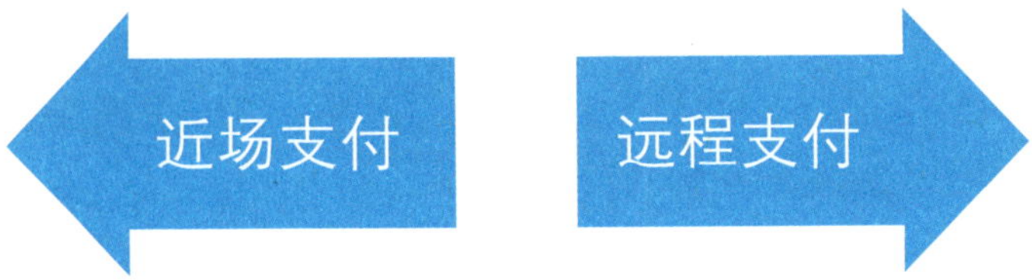

1. 近场支付

近场支付指的是在进行商品或服务的交易时，我们可以利用手机直接在线下现场与商家进行支付交易，无须移动网络。近场支付利用手机射频(NFC)、红外和蓝牙等方式，使得手机与自动售货机和 POS 机实现本地通信。

手机射频 (NFC) 即近距离无线通信，其作为目前近场支付的主流技术，使得电子设备之间实现了非接触点对点的数据传输和数据交换，是一种高频无线短距离通信技术。NFC 技术根据 RFID 射频演化而来，同时兼容 RFID 技术，早期应用于飞利浦、诺基亚和索尼手机等设备中。

2. 远程支付

远程支付指的是以发送支付指令或利用支付工具进行的支付，常见的支付指令包括网银、手机支付和电话银行等，而支付工具则包括邮寄和汇款等方式。常见的远程支付还包括掌中付的掌中电商、掌中充值和掌中视频等。

8.4.3 移动支付带来的影响

众所周知，移动支付的出现给人们的生活带来了全新的改变，尤其是对消费者和商家来说，这种改变极大地提高了人们的交易体验，使得整个交易过程变得既简单又方便。

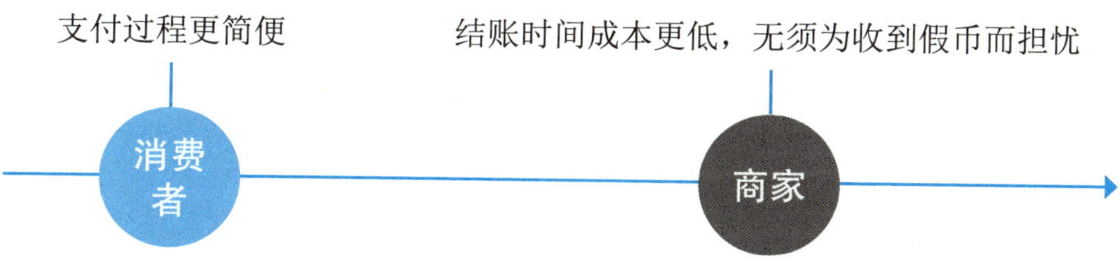

1. 消费者：支付过程更简便

移动支付的出现为广大消费者的生活带来了极大的便利，下面我们以 30 岁的乔女士周日一天的移动生活为例，为大家展现移动支付是如何潜移默化地影响我们的生活的。

早上 10 点半，乔女士利用手机打车软件预约了一辆轿车与母亲一同出门逛街，到达目的地后乘车费从手机 App 中自动扣除，由于参加了打车软件的打车券活动，乔女士还获得了半价优惠。当天天气炎热，乔女士在百货商店用电子积分兑换了两瓶水，午餐用手机团购了双人套餐，还节省了 53 元。在就餐期间，乔女士接到快递小哥的电话，要求在小区门口收取快递，因为不能及时赶回去，乔女士通过 App 选择了代收快递，于是轻松愉快地继续享用自己的午餐。午餐过后，乔女士和母亲在超市买了各种日用品，并用支付宝付款，获得了减免金额的优惠。

从乔女士周日的行程中我们可以看出，以前大家出门都一定要带着钱包，而现在出门大家都离不开手机，移动支付带给大家最直观的体验就是简单方便，消费和交易过程更加便捷。

2. 商家：结账时间成本更低，无须为收到假币而担忧

市场竞争的不断加剧，使得只要能够提高消费者消费体验的方法都会引起各大商家的重视，因此移动支付深受商家青睐也就不足为奇了。以超市购物为例，当我们用手机支付时，打开支付宝的付款码给收银员看，然后收银员通过扫我们的付款码就可以收到账款。这与刷卡消费相比，省去了输入密码和签字确认的步骤，为商家和消费者节省了不少时间。与此同时，对商家来讲，通过移动支付的方式收取账款也避免了收到假币等各种麻烦事件的发生，而且对商家采取电子会员卡服务有促进的作用，既能为消费者带来更多的便利，又能提高消费者的黏性。

8.4.4 移动支付的发展趋势

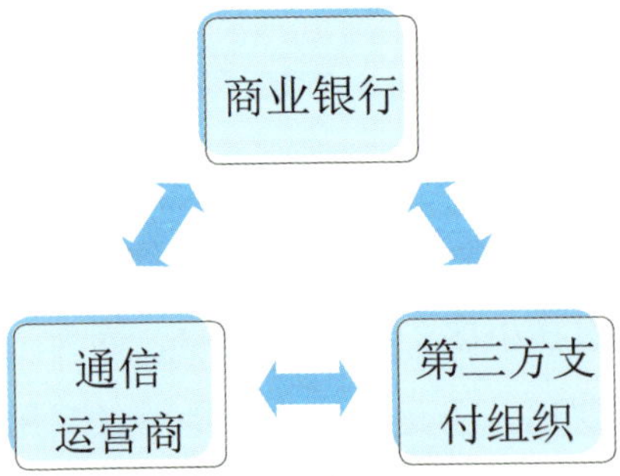

截至目前，移动支付产业链条已较为完备，加上商业银行、通信运营商和第三方支付组织的有效参与，移动支付得到了有力而快速的发展。

如今，移动支付涉及多个小额支付领域，既包括转账和汇款，又包括网购、缴费、交通和理财等多个方面，其发展环境条件逐渐成熟和完善，加之移动通信网络的普及和我国经济的快速发展，移动支付产业的发展势头可谓蒸蒸日上。

1. 经济快速发展
2. 人们消费水平提高
3. 网络信息化意识提高
4. 社会信用体系逐步完善
5. 电子商务相关法律日渐健全
6. 移动支付产业获得发展

中国产业调研网发布了 2016 ~ 2022 年中国移动支付行业调查分析和发展趋势预测报告，报告认为，我国已经进入了移动互联网发展的黄金阶段，仅 2014 年的移动支付业务就达到了 22.59 万亿元，同比增长 134%，其影响力和冲击力令人惊叹。2015 年 3 月中华人民共和国全国人民代表大会和中国人民政治协商会议如期召开，会上提出了大力推动移动互联网发展的意见。

如今，我国的移动网民在不断增长，移动支付的增值空间和市场潜力难以估量，相信在拥有广阔前景和潜力的市场下，我国移动支付业务将会突破各种瓶颈，进入突飞猛进的扩张阶段。

8.4.5 移动支付的障碍、隐患

移动支付看似顺风顺水，但背后其实有一定的障碍和隐患，相关人士对各种线上网络数据和线下访问数据进行了调查和分析，总结出了一些影响移动支付发展的障碍和隐患因素。

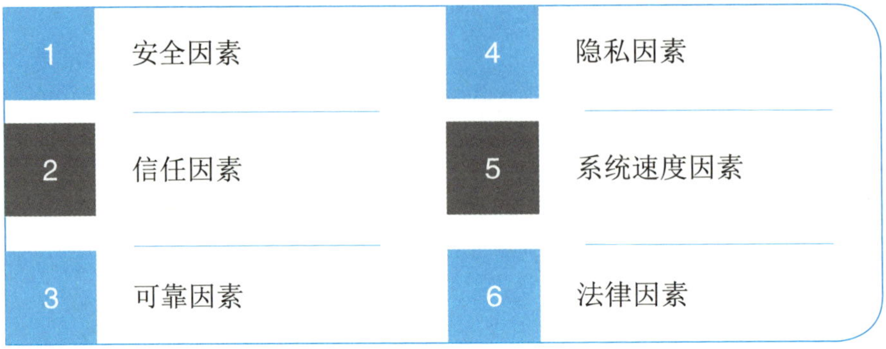

1. 安全因素

对大部分消费者来说，安全问题也是他们最重视的问题，移动支付的虚拟性，导致消费者难以把控实实在在的资金流动，因此会产生不安的感觉，加之一些不法分子短信欺诈的新闻频频曝光，这更加加深了消费者的抵触心理。

2. 信任因素

很多人都收到过垃圾短信或掉进过短信陷阱，也有人曾经莫名其妙地就订购了各种服务，手机也因此扣了不少费用。这种现象的出现就是因为运营商利用模糊或有歧义的信息误导用户，使得用户被强行消费。因此，如今消费者对运营机构会产生不信任感，这阻碍了移动支付的发展。

3. 可靠因素

移动支付的过程完全是虚拟化的，通常没有实物凭证，所以一旦系统出现错误，想要收集凭证就变得非常麻烦。而所有系统的可靠性都不能保证百分之百，因此对消费者来说资金还是难以得到可靠保证的，这也会限制移动支付的发展。

4. 隐私因素

很多商家在运营过程中不仅要保证已有客户的稳定性，还要不断挖掘潜在客户，因此很容易出现消费者信息泄露的现象。加之移动支付需要发送订单和密码等隐私信息，因此这种信息一旦被截取，消费者的隐私就很容易受到侵害。

5. 系统速度因素

很多消费者曾遇到过 POS 机登录不上或者链接失败等现象，也有消费者反映手机支付短信发出去了可根本没有得到任何反馈信息。因此，系统反应速度较慢或操作步骤烦琐，也会影响消费者的情绪，加之如今大部分移动支付消费者都是年轻人，属于冲动型消费者，很容易放弃这种消费方式。

6. 法律因素

因为社会诚信水平有待提高、金融管理制度以及商业信用体系相关法律法规尚未健全，所以不管是移动运营商还是银行机构都会有所顾忌，从而影响了移动支付的推广。少了法律的保护，消费者自然也就不会彻底放心地使用移动支付。

综上所述，移动支付的发展受到了各种因素的影响和制约，而且很多消费者由于守旧的心理，不愿意接受新事物，尤其是上了年纪的消费者，对移动支付更是嗤之以鼻。因此，现代企业运营者要打破自己的思维局限，设法完善移动基础设施建设，不断利用新技术开拓市场。同时，我国有关电子商务的立法机构也要不断完善和健全法律法规，制定适合我国移动支付发展的相关政策，带动我国经济消费水平的提高。

8.5 App 营销模式

随着智能手机的推广，App 应用数量不断增加并呈爆炸式增长，在这种背景下，App 市场也得到了极大的发展。那么如何才能在众多的 App 应用中脱颖而出，以达到推广营销的目的呢？

8.5.1 App 营销的营销策略

App 营销讲究一定的策略和技巧，当我们部署好推广方案后，还要结合一定的策略才能达到更好的推广效果。那么 App 营销策略可以从哪些方面入手呢？

1. 曝光率

App 营销推广之前一定要弄清楚自己的首要推广目的。从推广目的入手，虽然我们需要极大的下载量，但曝光率是下载量的有效保障，举一个例子，我们在一个应用商店发布时可能只能获得 10 人下载，而在两个应用商店发布就有可能得到 25 个人下载。因为当一个用户在某个应用商店看到你的 App 时，第一感觉不一定好，但当他来到第二个应用商店时可能忽然发现你的 App 有很多不错的功能，于是就会选择下载，这就是曝光率的作用，在前期进行了集中式的曝光之后，用户对你的 App 就会有一定的印象，下载效果自然也会有所提高。

2. 应用商店

App 营销推广自然要选择好的应用商店。下面是相关人士总结的一些应用商店和下载站的 App 推广效果，仅供大家参考。

◆ 安智市场

审核快，前期下载量很高。

◆ 安卓市场

审核快，实际用户 < 下载量，转化率 < 安智。

◆ 机锋市场

审核快。

◆ 应用汇

下载量≈机锋市场。

◆ 搜狐下载

申请时间较长。

◆ 3G 门户下载

初始阶段下载量较高。

◆ 木蚂蚁商店

稳定，但下载量不高。

◆ 91 商城

一般。

◆安卓星空

一般，后台较方便。

掌握了以上数据，我们还要注意发布时间的选择，很多App会在周五发布，所以周五竞争相对激烈，对于竞争力低的App来说，还是避开周五，选择周三或周四发布为好。此外描述的第一句话一定要有诱惑力，这样更容易吸引用户。

3.QQ群推广

在QQ群推广时切忌一上来就发广告，因为这样很容易被踢出群，建议大家先与群成员打成一片，到一定阶段后再进行推荐，如果你进的是玩家群，就可以推荐一些游戏给大家，然后顺水推舟将自己的App推荐出来，这虽然需要一定的时间成本，但这种方法较为稳妥，效果也相对较好，所得到的用户通常比较忠实。

4. 论坛推广

在进行论坛推广时我们会发现，很可能一个不起眼的帖子也能得到很多人的关注，从而成为热门贴。而这种帖子也很有可能是因为吹捧而得到大家评分的，所以我们要学会鼓励别人来评分，常见的方法是开启回复方可下载的功能，或者抛出对立观点来引发众人的探讨，这样可以提高帖子的人气指数。当然，鼓励的方法有很多，大家可以根据实际情况来提高帖子的热度。

8.5.2 App营销的推广模式

App营销的推广模式有很多种，下面我们从以下几个方面来为大家进行简单介绍。

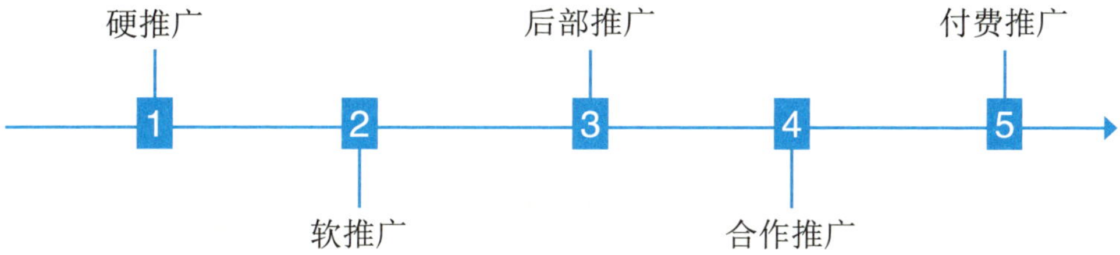

1. 硬推广

硬推广可以分为三种，即与手机厂商合作来进行推广、在 App 安装平台进行推广，或是通过刷榜来进行推广。

◆与手机厂商合作来进行推广

特点：价格低、规模大。

适用于得到风险投资且想要马上提高安装量的 App。

◆在 App 安装平台进行推广

常见的 App 安装平台包括以下几种。

下载市场：安卓、机锋、安智、应用汇、91 商城、木蚂蚁商店、N 多、优亿、安机、飞流等。

应用商店：Google 商店、小米商店、三星商店、魅族商店、联想开发者社区、oppo 应用商店等。

大平台：沃商店、天翼空间、华为智汇云、腾讯应用中心等。

客户端：豌豆荚手机精灵、91 手机助手、360 手机助手、PP 手机助手等。

◆通过刷榜进行推广

虽然通过刷榜进行推广不太正规，但却受到了极大的关注，因为刷榜可以使得App排名靠前，这样就更容易吸引用户，所以下载量相对也会有所提高。

需要注意的是，刷榜需要较高的成本，进国内榜前 25 名通常需要一万元左右，而进前 5 名则需要大概两万元。因此有很多人将刷榜和炒作结合起来，实现了快速出名的目的。

2. 软推广

软推广包括软文推广、论坛推广和微博推广。

◆软文推广

这里所说的软文推广指的是通过撰写新闻来进行推广。软文推广的成本较低，想要发到 100 个主流新闻门户网站大概也只需要一两万元，通过这些网站的报道，可以引来其他网站的转载，进而达到推广的目的。很多较大的国际公司看似不做广告，其实在私下会做类似的推广。

◆论坛推广

目前，论坛也是一种比较火的推广方法，想要发表点击量较高的帖子，就要注意以下几点。

1 多发精华帖，不要只求数量不求质量，这样不会有好的效果的

2 不要发广告，可以通过分享的方式制作精华帖，只要长期将其放在前面，很容易得到理想的效果

3 发帖形式最好以官方帖和用户帖两种为主，可以与论坛管理员协商搞一些活动。与此同时，帖子发完以后还要定期做好维护，及时对用户的问题进行反馈，这样才能促进新版本的更新

◆微博推广

很多人天天都在逛微博，因此在微博中看到自己喜欢的 App 就会顺手下载下来，可见微博推广也是极其重要的。那么在进行微博内容撰写时需要注意哪些方面呢?

1. 微博内容可以加上下载链接，只要单击链接就可以进入 App 的下载页面
2. 微博内容一定要将 App 的优点完全展示给用户，这样才能真正吸引用户下载
3. App 的介绍内容中最好融入图片和视频，这样更容易吸引用户，同时也会降低用户的阅读疲乏感，提高其对 App 的了解

另外，如果想要微博让更多的人看见，可以设置有奖活动或邀请名人来转发，以此来达到更好的推广效果。

3. 后部推广

后部推广可以分为数据库推广和口碑传播两种方式。

◆数据库推广

任何行业领域都有相关数据库，可以以较低的成本换取到这些数据，然后进行相关推广。推广的方式可以是短信、邮件或企业 QQ 等，内容最好以简单为主，但要包括以下几点。

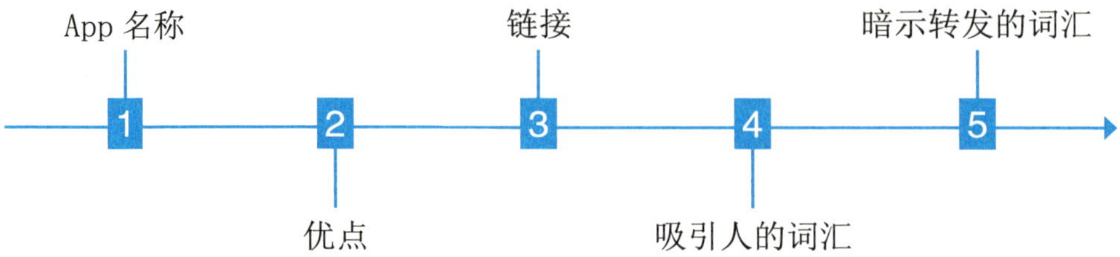

◆ 口碑传播

形成口碑传播的前提就是你的 App 要有独特的卖点，这样用户在向朋友介绍的时候才有话说，同时也才能吸引更多的用户。举个例子，如果目标用户经常出差，那么就可以向其推荐有航班介绍的 App，这样从用户的实际情况出发，就更容易受到他们的青睐。

除了独特的卖点之外，还可以靠奖励的方式鼓励用户帮忙推广。举个例子，可以将 App 设置成不同的版本，普通版本的用户只要推广达到一定的量就可以免费升级为高级版本，这样更容易激起用户的推广兴趣。

4. 合作推广

合作推广和换量互推基本上靠的是人际关系，与其他应用实行的基本上是一比一换量，所以你的 App 应用一定要能够推荐人家的应用或者站点，但推广的结果不一定相同，可能你给人家带来了上百的流量，而自己却只能得到相对较少的流量，这样很容易会合作不下去。

另外，想要进行合作推广时不一定非得找单独应用，还可以找那些专门推荐应用的软件或含有软件推荐栏的软件，类似的有 360 手机卫士和马海祥博客软件下载等。

除此之外，还可以通过平台合作推广，常见的平台包括友盟等，同时也可以自己付费推广，或者当自己够强大时可以靠换量推广来赚钱，腾讯应用中心和亿动等就是典型的代表。

5. 付费推广

付费推广可以是内置付费推广，还可以按量来付费，同时也能进行广告联盟推广。很多创业者在 App 还未盈利时，为了获得用户就盲目地使用付费推广，这种做法其实不太理智，除非当事人营销头脑较好且推广极具创意，并进行了基础推广之后再进行付费推广，盈利模式较好的应用也可以选择付费推广。

App 推广模式有很多，可以交叉进行，只要有好的品牌和营销意识，找到自己的推广点和目标人群，就可以精准地实行推广策略了。

8.5.3 App 营销的特点

了解了 App 营销的策略和推广模式，那么 App 营销有什么特点呢?

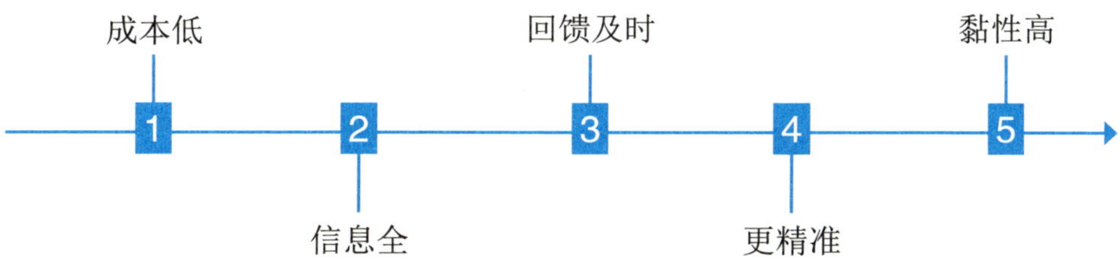

1. 成本低

App 营销与网络、电视和报纸相比，费用成本较低，我们只需要设法开发属于自己的品牌应用即可，后期可能需要一定的成本费用，但相对于网络、电视和报纸来说，其成本更低、推广效果也更好。

2. 信息全

App 可以将产品信息完全展示出来，在用户心中树立起好的形象，因此更容易激起用户的购买欲望。

3. 回馈及时

用户可以通过 App 进行网上订购，而运营者则可以与用户进行交流与反馈，手机网络使得用户与运营者之间的交流更加通畅，有助于运营者掌握用户对产品的喜爱与厌恶程度，对产品未来的规划和设计有一定的促进作用。

4. 更精准

运营者可以通过市场定位技术、数据库技术、网络通信技术和高度分散的物流手段来与用户进行个性化沟通，这样的营销效果更加精准可控。

5. 黏性高

App 本身的实用价值非常高，几乎每一款手机或多或少都会备有一些应用，一旦用户下载了 App 应用，通常会形成习惯来定期做任务，因此形成的用户黏性是很高的。

8.5.4 App 营销的效果检测

进行完 App 营销，很多运营者并不能准确知道营销效果如何，那么检测 App 营销的效果该看哪些指标呢?

1. 启动指标

启动指标一般包含新增用户、活跃用户、留存用户和升级用户四项。

◆新增用户

即初次打开 App 的用户，需要注意的是卸载再安装、更新版本、下载未安装、安装未启动都不属于新增用户。

◆活跃用户

即打开应用的用户，需要注意的是，一个用户一天多次打开应用也算作一个活跃用户。同时还可查看周活跃用户和月活跃用户，即某自然周和某自然月打开应用的用户，同样，一个用户多次打开只算作一个活跃用户。

◆留存用户

即留下来的用户，就是指一个时间段内新增的用户在下一个时间段内打开应用的数量，这些用户数量与当初新增用户数量的比值就是留存率。

◆升级用户

即版本号改变的用户，既包括老版本变为新版本的用户，也包括新版本变为老版本的用户。

2. 时长指标

时长指标看的是一次使用的时长、平均每次使用的时长和日使用时长。

◆一次使用的时长

即一次打开应用后所使用的时间长短，这个时长是前台时长，后台运行时长不算入内。

◆平均每次使用的时长

即一天的总时长 / 一天打开的总次数。

◆日使用时长

一天内应用被使用的总时长，需要注意的是，平均日使用时长 = 日总时长 / 日启动总次数。

8.5.5 利用开发者服务盈利

想要靠移动互联网市场赚钱,除了可以做产品和项目之外,还可以做服务。

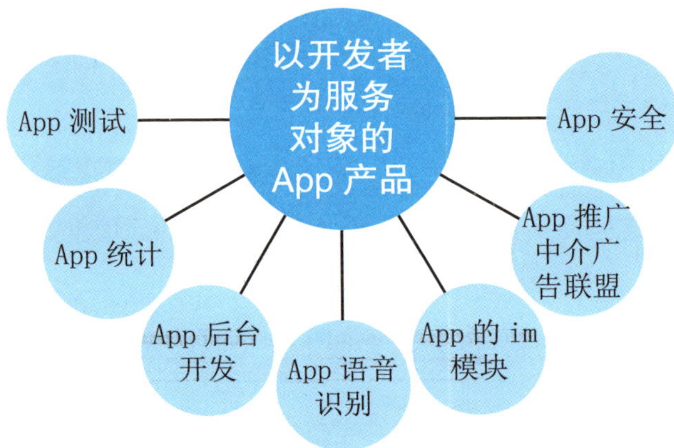

利用开发者服务盈利的产品多种多样，既包括云主机、云存储，也包括各种以 App 为基础的产品。

目前，已有超过 100 家的开发者服务产品数量是以移动互联网开发者为对象形成的，它们以中小型开发者为主要服务对象，充分利用移动互联网长尾效应，紧紧锁定这些中小型开发者，形成了一定的数量规模，并逐步向商业效应发展，这些企业不但可以赚钱，而且得到了大量的风险投资。

> **以开发者为主体服务对象的企业和产品举例：**
>
> Testin 云测：App 测试
>
> 七牛和又拍云：云存储
>
> ucloud 和金山云：游戏云主机
>
> 个推：推送

8.5.6 App 成为主流移动应用

这边企业 WAP 所掀起的移动互联网浪潮尚未退去，那边以智能手机 App 应用为代表发起的移动互联网革命火热升温，与 WAP 站点平平淡淡的发展状态所不同的是，手机 App 的发展势头强劲猛烈，App Store 就是一个典型的例子。苹果公司最初推出 App Store 时其 App 应用只有 500，但在短短的三年时间里，其 App 应用就达到了 500000，下载次数更是累计达 15000000000 人次，而且这个数字就在大家纷纷惊叹的同时仍以飞快的速度不断地增长着。

苹果所掀起的这场全球性的 App 热潮让无数企业看到了 App 隐藏的巨大潜力，移动营销也因此受到了各大企业的广泛关注，它们以不同的形式施展 App 营销策略，而 WAP 则因此受到了挑战，可见技术变革将会带来应用和商业模式等方面的巨大改变。

从某种程度上讲，App 营销称得上 WAP 营销发展到一定阶段的产物。

01 App 营销与 WAP 营销都是企业看重移动营销的结果

02 大部分进入 App 企业的领头羊都是 WAP 营销盛行时就果断加入 App 的企业

从目前的发展状况来看，App 行业极具发展潜力，受到了国内很多开发公司的高度重视，但需要注意的是，App 软件开发应用对技术、资金流和营销等方面都有着极高的要求，因此各企业都要引起高度重视。

8.6 二维码推广模式

如今二维码对大部分人来说已经并不陌生，大家只要用手机对着这个黑白小方格组成的矩形图案轻轻一扫，就可以得知很多优惠活动和打折信息，二维码推广模式是各大移动电商不可或缺的有力武器。

8.6.1 用活动推广二维码

二维码是由特定的几何图形按照规律分布的矩形方阵，它作为一种新型条码技术，记录着一定的数据和符号信息。二维码包括一个矩形图形、一个二维码号和一些说明文字，只要经过手机 App 的解析和运算，二维码就可以向人们展示各种文字、图片、视频、网址或游戏，称得上是移动互联网广告的优秀商业载体。需要注意的是，二维码要有一定的介质推广，因此我们可以利用线下活动来进行二维码的推广。在进行推广时，一定要让用户觉得有利可图，可以设置优惠政策和折扣价格，针对这些策划线下活动会带来极高的流量。

案例解析

以宝马的MINI为例。为了宣传其第一款SUV车型COUNTRYMAN的上市，宝马公司在英国街头掀起了一场寻找mini cooper的活动。活动开始前，相关工作人员向大家宣布，在规定的时间将有一辆车身印有二维码的全新MINI COUNTRYMAN行驶在街头，第一个扫描车身上二维码并完成相关指定操作的人将拥有这辆全新的MINI COUNTRYMAN。这一宣布一经发出就引起了轩然大波，活动还未正式开始就赚足了人气，使得SUV车型COUNTRYMAN的上市备受关注。

8.6.2 对接购物流程

其实二维码推广不一定非要设计活动，例如，乘客在漫长的旅途中难免会觉得无聊，这时很容易在通道走动，因此各种交通工具的通道也就成为了二维码宣传的好市场。一旦有乘客扫描了你的二维码，那肯定是对产品有一定的兴趣，所以二维码一定要对接产品信息和购物流程，间接引导客户购买。

案例解析

类似的较为典型的案例就是韩国地铁站，Tesco在地铁站设置了一个虚拟店面，当用户在等地铁时可以通过扫码来进行购物，非常方便。

续

案例解析

需要注意的是，引导用户购买的过程不能过于复杂，引导的产品最好也可以很方便地就可以实现在线提供，如家居、衣物、零售品、儿童用品等，这样利用"通道时间"来促进用户实行购买行为，能顺利地达成交易。

8.6.3 二维码包装策略

二维码包装策略其实属于一种视觉营销，它通过改变二维码的外部包装设计来吸引用户的观赏，同时促使大家扫码。经过包装设计的二维码，可塑性会提高，再结合产品内容和品牌元素，不仅可以使二维码本身生动形象，还能提高辨识度，让粉丝一眼就能认出自己，顺便帮助品牌进行视觉性营销。

案例解析

二维码包装的典型案例就是美国著名的连锁女性成衣零售店维多利亚的秘密，该店在做户外广告时，将二维码置入模特海报上，并且二维码就覆盖于模特的胸部，加上充满诱惑的广告文案"Reveal Lily's secret（揭露莉莉的秘密）"，让用户迫不及待地想要拿出手机来扫码，想要窥探莉莉的秘密到底是什么。而只要扫码的用户就会看到维多利亚的秘密内衣，性感无比。

续

案例解析

利用二维码进行营销时，除了以上方法之外还要了解用户真正需要什么，只有满足了用户的需求，才能真正提起他们的兴趣。与此同时，还要直击用户痛点，并针对痛点给出有效的解决方法，提供相关服务。如 Denver 国际机场就抓住了用户旅途等待无聊的痛点，只要扫描二维码就可以下载游戏或免费小说，直接解决了用户的烦恼。

8.7 手机微博模式

很多人都在奇怪微博为什么要把字符数限定在 140 个，其实这个设定来源于手机短信中 140 个字符的限制（微博在中国一般默认 140 个汉字，随心微博则是 333 字）。从中我们可以看出微博带有很明显的移动端基因。而在实际上，微博对于手机和互联网应用的连接具有重大的意义，是一种重要的网络社交类平台。

8.7.1 手机微博的移动端结合方式

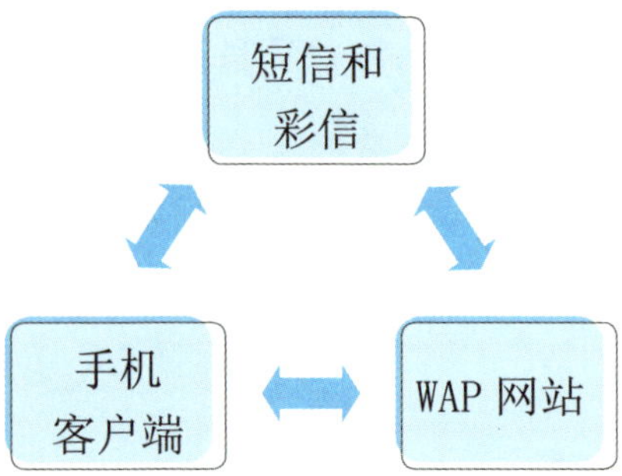

微博的发展应用平台多以移动端用户为主，并通过手机将这些移动端用户联系起来，让他们只用手机就能随时随地地发布自己的心情和最新的信息。

具体来说，手机微博和移动端的结合方式主要有以下几种。

1. 短信和彩信

这是一种通过发短信就能更新微博的方式，优点是操作简单，覆盖人群范围较大。但是它的缺点也很明显，那就是更新成本很大，而且因为彩信具有 50K（千字节）容量的限制，所发图片会变得十分模糊。

2.WAP 网站

我们通过 WAP 网站也可以实现在手机上发微博的目的。但是这种方式耗费的流量费用较高，网速也比较慢，如果想发送大一点的图片信息，会耗费很长时间。

3. 手机客户端

手机客户端一般分为以下两种。

基于 WAP 的快捷方式版

- 这是一种由微博网站开发的客户端。用户可以通过它连接到 WAP 版微博网站，而且此类网站往往是已被美化和优化过的

第三方客户端	• 这种客户端的开发依据是微博网站提供的 API（应用程序编程接口）。其中的典型代表是 twitter 的客户端 gravity 和 Hesine（和信）

一般来说，手机客户端的形式要优于短信、彩信和 WAP 的形式，与移动互联网的发展趋势更加切合。而且随着移动软硬件技术和移动网络的不断发展，微博的手机客户端形式将与我们的生活结合得更加紧密，从而产生更多有利于社会发展的变化。

8.7.2 手机微博的编写技巧

对商家来说，微博文案的好或坏，能够在很大程度上决定微博营销的成败，微博文案的编写是一件不容忽视的事情。那么，怎样才能编写出好的微博文案呢?

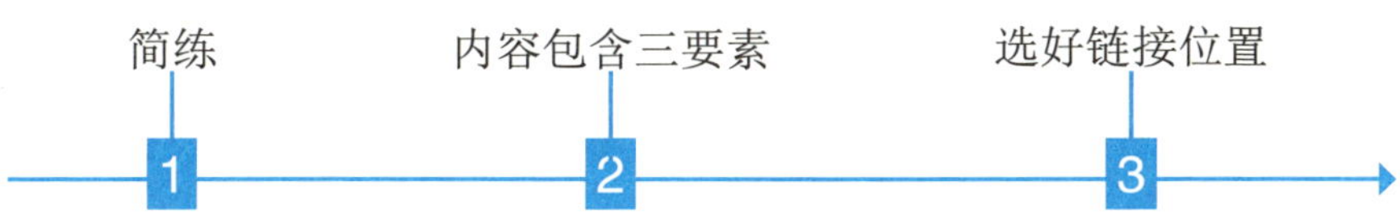

1. 简练

微博具有 140 字的限制，所以我们编写的内容不宜过多。一般来说，可以将字数控制在 100 ~ 120 字，这样可以使用户在转发时带上评论，更容易吸引他们转发。

2. 内容包含三要素

我们在微博内容的编写上，最好要同时包含 @、# 和链接三个要素。其中 @ 指向某一用户，这可以在很大程度上保证该用户阅读内容；# 则增加了微博被搜索到的概率，有利于被粉丝之外的人看到；链接则是我们分享内容的有效途径，更容易激发用户的关注兴趣。

3. 选好链接位置

很多人都会选择在文案最后添加链接，实际上这样做的效果并不明显。我们可以选择在中间比较醒目的位置，比如重点符号、重点字词前后添加链接，这样做往往可以起到很好的吸粉吸睛效果。

当然，除了上述技巧之外，我们还可以通过其他方法，比如在内容中添加一些互动性因素和趣味性因素等，以此来达到吸引粉丝眼球的目的。

8.7.3 手机微博的发送策略

当我们编写好微博文案后，接下来就是发送环节了。但是发送并不是一件简单的事，它需要我们根据现实情况，选择适合于自己的发送策略。一般来说，我们需要注意以下两个方面。

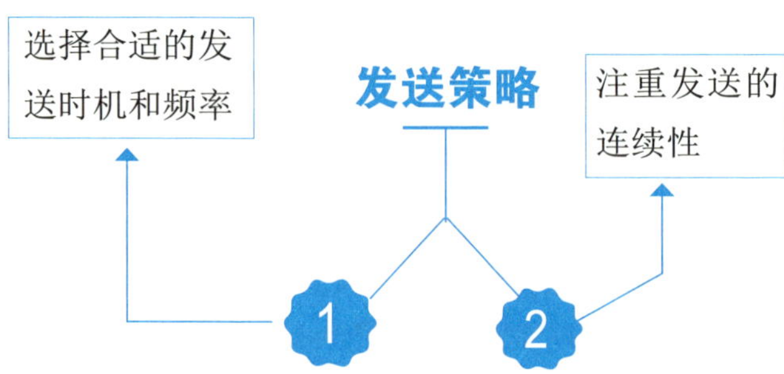

1. 选择合适的发送时机和频率

经专业人士统计和研究发现，发微博的最佳时机主要集中在三个时间段，分别是 9:30—12:00，15:30—18:00，20:30—24:00。这三个时间段内上微博的人较多，微博活跃度较高，如果我们能够抓住这些有利时机，发送高质量的微博内容，往往会起到良好的宣传推广效果。

而对于微博的发送频率，我们最好将其控制在一个有限的范围内，不要过于频繁，以免引发粉丝的厌恶心理。一般来说，20 分钟到 1 小时发布一条，一天内发布 10 ~ 15 条比较适宜。

2. 注重发送的连续性

微博和一本定期更新的电子杂志很像，都需要我们定时、定量、定向地在上面发布相关内容，以此来达到吸引用户持续关注的目的。需要注意的是，我们在博文的选择上一定要注重质量，因为低质量的内容很容易引发粉丝的不满，使他们失去对该微博的信任，不再去关注微博内容，致使出现掉粉的恶果。

8.8 手机游戏模式

在休闲时间，一些热门的手机游戏成为人们打发时光的乐趣。而且经过观察发现，女人比较偏爱于消除类游戏，比如《开心消消乐》。而男人则较为喜欢回合制战斗游戏，诸如《梦幻西游》等。因此，移动电商的创业者们，可以把手机游戏作为一个很好的选择。

8.8.1 手机游戏的盈利模式

手机游戏的盈利模式大致分为四种，分别是游戏下载付费模式、内嵌广告模式、部分内容收费模式、获得增值服务模式。

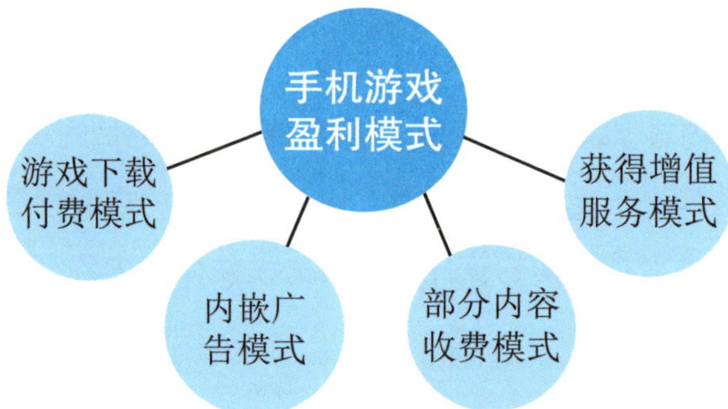

1. 游戏下载付费模式

这类游戏模式一般针对苹果的 IOS 玩家，打开苹果手机的应用商店，有付费榜和免费榜，付费榜上的游戏就采用了下载付费的模式。

2. 内嵌广告模式

这种模式是目前应用较广的手机游戏盈利模式。用户可以通过免费下载的方式将游戏下载到自己的手机中，要想获得额外奖励或继续玩，在有网络的情况下，页面就会弹出提示框，问是否观看广告获得额外奖励。例如，《开心农场》和《别踩白块儿》都是用这样的方式进行盈利的。

3. 部分内容收费模式

这种盈利模式适用于那些有一定实力但又缺乏名气的游戏团队。下载时采取免费的方式，但只有部分关卡是免费的，若想继续玩下去或者玩其他的关卡，就需要进行付费了。《Smash Hit》是一款弹珠类休闲游戏，其有多种场景，但下载完后，会发现只有一种场景是免费的，玩家要玩其他场景，则需要付费。

4. 获得增值服务模式

此种盈利模式一般见于比较大型的手机游戏。其盈利模式和网页游戏的盈利模式是类似的。用户通过免费下载的方式，将游戏下载到手机中。若想在游戏中获得更好的游戏体验，就需要进行付费了。这里的增值服务指的是用卖服务的方式给玩家带来更好的游戏体验。举个简单的例子，《天天酷跑》是腾讯旗下的移动手游之一，里面有各种坐骑、人物和宠物。玩家若想对坐骑和人物进行升级，就要靠做任务来获得钻石，若想尽快升级，则需要付费购买钻石。

8.8.2 手机游戏的支付方式

目前手机游戏支付市场主要存在运营商支付、第三方支付及其他支付方式。

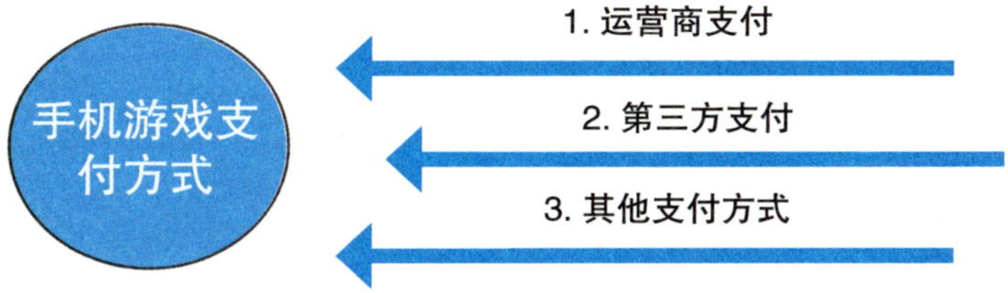

1. 运营商支付

这种支付方式常见的支付平台有互联网基地、联通宽带、爱游戏、天翼空间等，是占比较高的一种支付方式。其主要运作方法是游戏商与运营商合作，当玩家想要获得更好的用户体验时，运营商就会以短信提示对游戏玩家所购买内容进行代扣款。

2. 第三方支付

第三方支付发展迅速，有数据表明，第三方支付有可能超越运营商支付。常见的第三方支付平台有支付宝、财付通、银联等。第三方支付的优点在于受到的约束小，有利于对支付空间进行优化。其缺点在于安全性有待考量，存在信息泄露的风险。

3. 其他支付方式

其他支付方式主要指的是利用游戏商自主研发的支付平台进行支付。这种支付方式有两方面优点：一方面可最大限度地保护用户信息安全，另一方面为用户支付带来了便利。

8.8.3 手机游戏的运营策略

我们可以从游戏玩家、手机游戏本身、支付渠道三个方面来考虑手机游

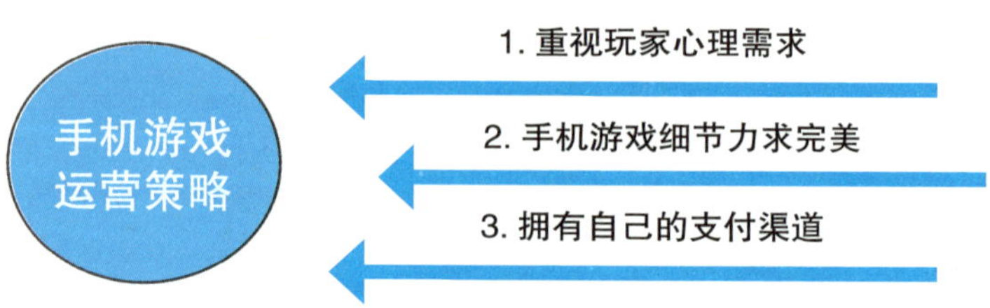

戏运营策略的制定。

1. 重视玩家心理需求

重视并满足玩家的心理需求，玩家才会更愿意花钱买服务。马斯洛说过，人都有社交的需求，这点在游戏中同样适用。当下一些社交类的游戏就很受欢迎，因为它们满足了用户的社交需求。比如，以腾讯游戏为代表的《节奏大师》《天天爱消除》等，通过绑定 QQ 或微信的方式，我们可以及时获知朋友的游戏情况，时不时地还可以给好友送心、点赞。这种方式可以最大限度地留存用户。

2. 手机游戏细节力求完美

高质量的游戏画面、有趣的情节设置会给游戏玩家带来极佳的游戏体验，有利于提高玩家忠诚度。有调查显示，对游戏玩家来说，画面质量高、人物造型美观的游戏更容易吸引他们，第一印象很重要。

3. 拥有自己的支付渠道

便捷的支付方式一方面可为用户带来更好的游戏体验，从另一个方面来看，对游戏商来说，还可以省去中间环节，实现利益最大化。

8.8.4 手机游戏的投资前景

根据中国互联网第 37 次网络情况发展报告显示，截至 2015 年 12 月，手机游戏用户规模为 2.79 亿人，相较于 2014 年年底增长了 3105 万人。手机游戏行业也逐渐走向成熟。

针对目前手机游戏的现状，下面提出如下两点预测。

1.VR 手游

VR（Virtual Reality，即虚拟现实，俗称 VR）已经进入人们的生活，并受到追捧。2015 年下半年开始，VR 概念开始风靡科技圈。有数据显示，到 2020 年，中国的 VR 设备，主要为移动 VR 设备，会有 700 万的出货量。纵观游戏发展史，从刚开始的文字网络游戏，到 2D、3D 游戏，我们发现，游戏正在向虚拟现实的方向前进。目前很多游戏开发商已经在做 VR 游戏开发了。

2.IP 手游

IP（Intellectual Property，知识产权）现在是一个很热的词汇。2015 年很多由影视剧、网络小说等改编的手机游戏都实现了用户的转化，影游跨界合作已成必然。《花千骨》衍生的同名手游收入已经超过 2 亿元。对于 IP 的开发，游戏商不一定要和其他厂商抢夺热门 IP 游戏的开发权，可以试着开发原创 IP，为手机游戏市场注入新活力。

手机游戏市场前景广阔，有需求的移动电商创业者可以加入手机游戏的行列中，大展拳脚。

8.9 自媒体模式

前面我们讲了很多移动电商的盈利模式，下面要讲到的是自媒体模式。现在，我们每天都离不开自媒体，例如，微博、微信、各种论坛等。自媒体有着交互性强、传播快、门槛低、易操作、主体具有平民化及个性化等特点，对移动电商来说，是一个容易上手操作并能快速盈利的一种方式。

8.9.1 自媒体营销的娱乐价值

互联网时代，各大品牌商将营销娱乐化作为其首选的营销模式。若再借自媒体的力量进行助攻，所起到的作用，超乎想象。

《芈月传》的成功之处在于制作方以该剧剧情为主题进行了各种深度挖掘。于是，我们就在各种社交或新闻类的 App 上看到了各种对于《芈月传》的解读或恶搞视频、表情包等。自媒体时代，吸引眼球是营销传播的精髓所在，而要想抓人眼球，就要靠话题讨论、事件营销、娱乐头条等吸引消费者的注意，抓住消费者的心。

自媒体营销的娱乐价值表现在其本身就是一种话题引发的效应，通过话题发起，自媒体进行高效的转发，以此来达到其娱乐价值的传播。

通过娱乐化的自媒体营销方式，可以最大限度地提升品牌的曝光率，实现预期传播效果。2015 年爱玛电动车因其销量率先突破 400 万辆，爱玛电动车官方微博就发起了“我为爱玛发贺电”的话题讨论，因其一直和明星代言人粉丝保持互动交流，活动发起后，阅读量破千万，讨论量达 1.7 万。相比传统的广告，显然这种软广告更有助于爱玛品牌的传播。

8.9.2 自媒体营销的社交特点

在本部分开头，我们提到了自媒体的特点，根据这些特点，相应地，我们可以了解自媒体营销的社交特点。

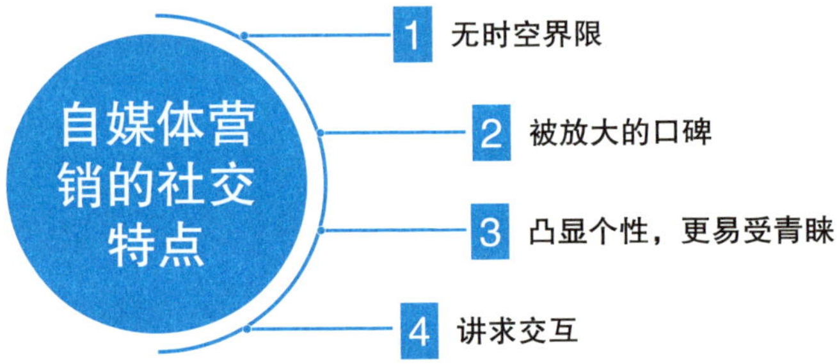

1. 无时空界限

传统的营销方式是在特定时间和地点进行的营销，针对有限的人群。自媒体营销则没有时间和地点限制。比如，通过微信、微博这种即时性的社交工具，我们可以很容易地把自己的产品信息传递给消费者，让用户享受即时购物带来的快感和便利。

2. 被放大的口碑

自媒体有一个特点就是传播速度快。一个新的产品上市后，会在互联网上进行快速传播。由于互联网没有时空限制，就会使口碑效应放大化。不管消费者对此产品的印象是好还是差，口碑效应都会像病毒一样快速扩散、放大。

3. 凸显个性，更易受青睐

自媒体是大众表现个性的平台之一。移动互联网时代，消费者也更倾向于选择那些有个性、有格调的商品，以满足自己的个性化需求。自媒体在营销时，要注意市场细分，针对不同消费者制订不同的营销战略，突出自己的个性。

4. 讲求交互

交互性强是自媒体的显著特点。在自媒体营销的社交特点中，同样讲求交互性。比如，移动电商的创业者可以通过发微博、写微信公众号等和自己的粉丝进行互动，这样如果产品有什么问题，就可以进行及时的反馈，实现营销互动。

8.9.3 自媒体营销的内容打造

在人人皆自媒体的时代，自媒体的内容营销被摆在了相当重要的地位。内容营销学院（Content Marketing Institute）创始人，《内容营销时代（Epic Content Marketing）》的作者乔·普利兹（Joe Pulizzi）给自媒体人提供了四种内容营销的方法，虽然这些方法是针对美国自媒体人的，但同样对我们有一定的借鉴意义。

1	将自己定位为某一领域的专家	3	推广方法反其道而行之
2	试着发现新方向	4	内容表现形式的针对性

1. 将自己定位为某一领域的专家

这是内容营销成功的第一步。在当今这个大环境下，“内容营销”其实是一个很宽泛的领域，有越来越多的人加入内容生产。如果我们把自己定位成某一领域的专家，我们就可以针对不同的细分市场采取不同的内容推广策略，从而达到我们所期望的效果。

2. 试着发现新方向

越来越多的人加入自媒体内容营销的大军，信息推广难度变大，尤其是在这个“互联网 +”的时代。要通过创新方法让目标受众有新鲜的感觉，通过和社会热点的结合，再与产品属性进行比对，进而找到新方向。

3. 推广方法反其道而行之

当下，大多数的自媒体人都是通过微博、微信、网络社区等虚拟平台进行信息的推广，然而问题在于有时候我们并不知道谁才是自己的目标受众，这就会使得我们的信息推广带有一定的盲目性。有时候，可能最好的方式被我们遗忘了。普利兹说：“我比较喜欢通过印刷品进行推广。因为我们每个人收到的纸质信件越来越少，所以这反倒可能会引起人们的注意。”

4. 内容表现形式的针对性

渠道不同，我们所推广的内容也要做针对性的调整。同样一篇内容，如果发到报纸上，可能就是图文的形式，如果发到微博、微信平台上，可能就是视频、音频等的形式。平台特点的不同，决定了我们内容表现形式的差异。用合理的表达方式学会讲故事，能让内容产生更大的影响力。

8.9.4 自媒体营销的借势策略

借势策略主要指的是通过对销售目的进行隐藏，以消费者更为熟悉的方式、环境进行产品推广，达到令消费者了解并接受产品效果的一种营销手段。

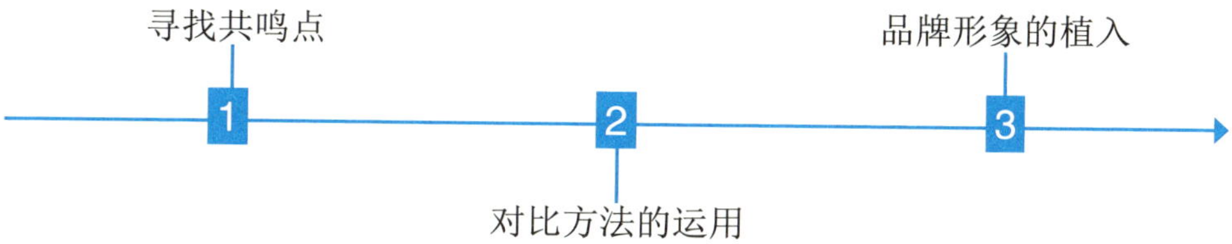

1. 寻找共鸣点

刘翔于 2015 年 4 月 7 日在微博宣布退役。在此之前就有报道说刘翔可能通过长微博的形式宣布退役。《We Media》借势刘翔退役事件，结合自己公众平台成立两周年这个时间点，形成“向专栏致敬”的创意，很好地宣传了 We Media 这个微信公众平台。

2. 对比方法的运用

这类营销方法一般以图片的方式进行，如下例。

3. 品牌形象的植入

品牌形象的植入可以是在文字上进行创意，也可以是商标图形上加以创意。比如 Apple Pay 刚上线时，神州专车借势 Apple Pay 就很好地宣传了品牌形象。

当然，自媒体营销的方法还有很多，比如类比的方法、借势超级 IP 的方法等，这里就不一一赘述了，在创业的过程中，要找到适合自己的方法。

8.9.5 自媒体营销的关联性策略

这里的关联性主要指的是我们在进行自媒体营销时，要和消费者的消费行为产生关联。那要如何产生关联呢？首先，我们要把自己当成消费者，问自己什么内容会是自己关心的，提供的内容又能为消费者做什么。

1. 运用大数据

在大数据时代，人们在网站的一切行为都被默默地记录下来，被记录下来的这些行为，可以方便网站更精准地为用户提供服务。对客户购买意愿很了解使得亚马逊成为了全球最大的网络书店之一。亚马逊网站通过记录每个注册用户的行为，搜索了哪些书，哪些书加入了心愿单，买了哪些书，看了哪些书，整合这些行为，把相关联的信息以电子邮件的形式发给用户，告知他们所关注书目的最新降价信息，或进行新产品的宣传，或推荐与他们想要产品相关的一些东西。重视大数据的运用，能更好地对消费者进行精准营销，使自己在竞争中获得发展。

2. 把用户装在心中

用户最喜欢的东西是与自己生活息息相关的东西。自媒体营销人员，要时刻关注用户的想法。可以定期在微博上发起话题讨论，或者组建微信群，听听用户最关注什么，然后有针对性地开展行动。如此一来，对于品牌来讲，可以起到很好的宣传作用，对用户来说，可以得到自己想要的信息，正所谓“一石二鸟”。

8.9.6 自媒体营销的创新模式

自媒体营销的方法有很多，比如，借助微博、微信平台，以文字或视频的方式进行营销。移动互联网时代单一的营销方式已经不能满足受众的需求，创业者必须抓住机会创新，从中获益。

1. 建立微信公众平台

截止到 2016 年 3 月，微信用户总数量达到 4.1 亿人，这意味着有更多的人在微信这个平台进行互动交流。对各大电商来讲，用好微信，也就维系了和客户之间的感情。现在可以说，各大品牌都建立了自己的微信公众号。

这里以热风为例。热风是一家涵盖鞋品及各种生活配饰的时尚连锁店。热风建立了微信公众平台，实行微会员制。用户可通过微信公众号第一时间了解商品降价和新品上架信息，对于没有时间去实体店的顾客，有微商城入口。而且首次注册的用户，可享 9 折优惠。通过这样的方式，热风不仅加强了与用户的互动，最大限度地留住了消费者，还给商铺带来了大量的流量。

2. 利用免费思维

这种方式主要针对线下。在我们逛街时，偶尔会看到某商铺搞活动，例如，扫码可免费打印照片，扫码可免费拿棉花糖等。京东白条在进行线下推广时，就采用了这种扫码拿奖品的形式。对用户来说，只要扫一下京东的二维码，就可以得到类似一包纸抽、一个本子等奖品。通过二维码的扫描，京东公司在宣传京东白条的同时，又获取了大量的用户信息。

星巴克曾在微博上推出自带环保杯可免费得一杯咖啡的互动活动，网友参与活动热情很高，对星巴克做了免费的宣传。

8.10 网红模式

"网红"，顾名思义就是网络红人，如靠行为言辞夸张而走红的凤姐，再如 2016 年靠吐槽走红的网络视频红人 papi 酱。有些人的走红是网民自发关注的结果，如王思聪，因其有钱的老爸是万达集团董事长王健林，还时不时地充当娱乐圈的"纪检委"，从而成了网红，被戏称为"国民老公"。而有些人的走红则是幕后推手公司操纵的结果，如早期网红干露露等。

8.10.1 网红经济概述

1. 网红经济定义

首先我们要知道，网红本身只是一个媒体平台，其本身并不构成经济现象。

我们关注网红的初衷只是单纯的喜欢，不带有任何商业目的。只有当商家利用网红这个媒体平台进行商业活动时，才形成经济形象。这里提到的网红主要是指那些包装过后而走红的人。

2. 网红经济 VS 粉丝经济

讲到网红经济不得不提一下粉丝经济。二者都是向粉丝进行推销，进而变现。那么，网红经济和粉丝经济之间是相等的关系吗？当然不是。粉丝经济的定义是这样的：在粉丝和被关注者之间形成的一种经营性创收行为。这里的被关注者一般是明星、偶像和行业名人等。从这个角度来看，网红经济是粉丝经济的一种方向。

一般网红背后都有专业的运营公司。这些公司已经自成体系，有从营销到客服再到管理的团队，会用大数据的方式去预测哪个网红会走红，再决定是否需要对其进行包装。对网红来说，只要能从粉丝那里获得流量，就可以获得收入。网红市场竞争激烈，一旦过气，就面临淘汰局面。网红经济还停留在粉丝经济阶段，有待发展。

8.10.2 网红经济的产生原因

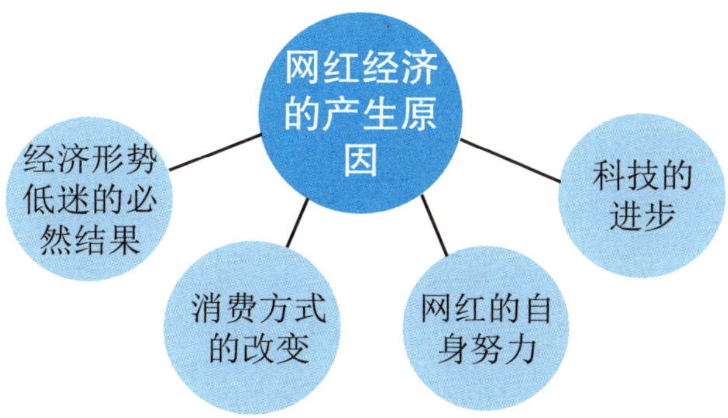

1. 经济形势低迷的必然结果

在经济学中，有一个很有意思的现象，叫“低价产品偏爱趋势”，有时也称“口红效应”，指的是因经济萧条而导致口红热卖的经济现象。口红虽非必需品，却兼具廉价和粉饰的作用，能给人以心理安慰。

2014 年以来，我国经济增速不断放缓，下行压力增大，但以影视、电影等为代表的文化传媒产业却正在崛起，前有《捉妖记》，后有《伪装者》《欢乐颂》大火。在这样的背景下，我们就很容易理解 papi 酱的走红了，一方面，经济形势不好需要网红来带动粉丝活跃经济；另一方面，机会变少了，网红就成为了投资者追逐利益的对象。

2. 消费方式的改变

移动互联网时代，消费者倾向于选择那些能够表现自己心理状态、满足自己个性化需求的产品。这表明消费者的消费方式正在发生转变，从单一的大众化消费变为了多元的个性化消费。而网红的产生，似乎就满足了一部分人想要追求个性的心理。

3. 网红的自身努力

网红经济要想发展，必然离不开网红自身。台上一分钟，台下十年功。很多人只是看到了网红光鲜亮丽的一面，殊不知其背后付出的努力。2016 年第一网红 papi 酱因为语言犀利幽默而深得大家喜爱，并获得了 1200 万元的投资，精彩视频的背后是其不断地修改台词、策划剧本而付出的艰辛努力。

4. 科技的进步

科技已经成为我们生活中的一部分了，我们处处离不开它。有赖于视频直播技术的发展，我们可以从这种直播平台上看到形形色色的人，通过网络的传播，一些有特色的人就会成为“网红”，而商家一旦看到其背后巨大的商业利益，便会投资。

8.10.3 网红经济的运作方式

网红经济的运作方式主要是借助孵化公司来对网红进行包装，使网红具有变现能力，创造利润。

具体的运作方式我们可以从美化、丑化、内容、语言、才艺、事件等方面展开。

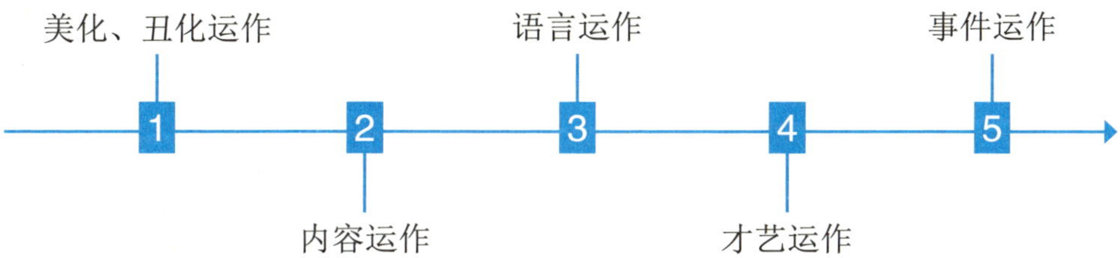

1. 美化、丑化运作

人们会通过第一印象来判断人。因此，如果想要给人留下深刻印象，就要变得出众。作为一个网红尤其如此。具体讲就是想变得美丽，就要使用一些美图软件，加上一些有噱头的标题来吸引粉丝眼球，要么就故意扮丑，扮丑的同时也要让自己有内涵、有特点，给粉丝留下“我很丑，但我很温柔”的印象。

2. 内容运作

内容犀利、观点独到、时代感强的文章，可以为网红添光加彩。但文章一定要符合现在碎片化的发展趋势，例如，咪蒙的《如何对付搞暧昧的男人》《致贱人：我凭什么要帮你》。

3. 语言运作

利用蜻蜓 FM、荔枝、喜马拉雅等网络电台传播自己的声音语言，在语言表达上要尽量丰富多彩，并配以动人的音乐和音效。罗振宇就是通过语言运作的方式开办节目《罗辑思维》，获得了一大批追随者，从而成为声音语言的“网红”的。

4. 才艺运作

这是很多“网红”采取的方式。通过网络直播的方式给屏幕另一端的观众表演唱歌、跳舞等才艺，一方面愉悦了观众，另一方面获得了收入。

5 事件运作

事件运作就是对一个事件进行持续的跟进并炒作，以此引发大众的兴趣和关注。2015 年 9 月，叶良辰因与一名大学女生宿舍舍长张静静的 QQ 聊天记录被截图到地下城与勇士吧而一炮走红。此事件持续发酵，叶良辰不仅因此签约了经纪公司，出了单曲，而且参加了综艺节目。

除了上述六种运作方式外，还有视频运作、事业运作、综艺运作等方式，此处不加赘述，但是需要提醒大家的是，只有遵循法律和道德的底线进行的健康化运作才是网红经济的正确发展模式和发展方向，这是有志于成为网红的创业者必须要注意的事。

8.10.4 网红经济的适用人群

不是所有人都可以成为网红，只有存在以下几种特质的网红，才有可能在网红经济的浪潮下做出一番成绩。

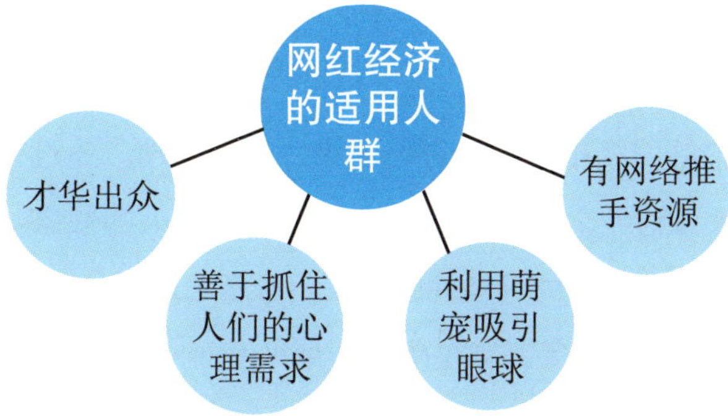

1. 才华出众

这类的网红主要靠自己的才华“打天下”，赢得网民的喜爱。他们一般出身草根，非科班，凭借其独有的天赋和兴趣进行学习，形成自己独有的风格。通过把自己的作品上传到个人网站或其他专业平台吸引粉丝关注，由于具有独特性，能逐渐吸引粉丝关注，并形成固定粉丝群。

2. 善于抓住人们的心理需求

2011 年江苏卫视《非诚勿扰》的女嘉宾马诺以一句“宁愿坐在宝马车里哭也不愿坐在自行车上笑”而走红，被网民称为“拜金女”。虽然马诺的走红只是一个意外，但在当时拜金迎合了人们的批判性心理需要，引发了人们的关注，因此马诺成为了网红。这里要说明的一点是，拜金主义不可取。

3. 利用萌宠吸引眼球

“回忆专用小马甲”是微博大V，其粉丝在2000万人以上，其之所以走红，刚开始是因为其对前女友过于思念，经常在微博上表达对前女友的思念之情，后来是因为他的一条狗妞妞而意外走红。其经常在微博上放他养的折耳猫“端午”和萨摩“妞妞”的萌态，深得大家的喜爱。有些广告商就主动找到“回忆专用小马甲”，为其打广告。据了解，其广告费根据是否带“妞妞”和“端午”，价格是不同的。但并不是每个小动物都能成为网红，还有很多不可控因素需要我们去考虑。

4. 有网络推手资源

现在有专门的网络推手公司进行营销、策划活动。通过在一段时间内制造话题，引发大量讨论，引起网民关注，能形成很火的假象。只要时机把握得当并进行炒作，则能红的可能性就很大。像新出道的 sunshine 组合，以及一代网红凤姐、芙蓉姐姐等，都是借助网络推手而走红的。

8.10.5 网红经济的前景发展

2016 年网红圈的一件大事就是 papi 酱获得了 1200 万元的注资，这犹如给网红经济注入了一针强心剂。由近几年网红经济的发展情况看，目前网红经济可能存在以下四种发展趋势。

网红经济的发展趋势

1. 网红经济范围从电商拓展到知识、数据等方面
2. 网红经济表现形式的多样化
3. 团队专业化
4. 收入构成的多元化

1. 网红经济范围从电商拓展到知识、数据等方面

最初，网红经济的范围主要是围绕电商展开的，人们在网上进行产品选择，为得是节省时间和成本，并满足自己的个性心理需求。随着移动互联网技术的成熟和智能手机设备的普及，人们更多地通过自己的手机终端获取各种信息，这便为网红经济的发展提供了条件。网红经济的范围有可能会拓展到知识、数据等方面。

2. 网红经济表现形式的多样化

2016 年以来迅速走红的 papi 酱就是因发布搞笑视频而迅速走红的；罗振宇以广播的形式做《罗辑思维》而走红，以读书的形式做广告。微博红人“回忆专用小马甲”以自家猫、狗为对象，进行广告的营销。各种网红经济，都能带来收入。

3. 团队专业化

开发网红，是网红孵化公司的主要任务。在未来可能会有很多专业的制作团队开发优秀作品，打造新网红。

4. 收入构成的多元化

国内网红的收入构成，淘宝店铺的营收一般占较大比例，或者是根据直播平台观众送的鲜花或礼物的多少来算收入，收入结构较为单一，未来品牌公司若在网络投放广告，将网红作为一个品牌打出去，那不论是对网红的投资公司还是对网红自身来讲，收入都将会变得多元化。

Part9

优化整合

移动电商创业期的强强联手

9.1 移动互联网时代的整合趋势

随着时间的推移，互联网技术进一步发展，单一的模式已经满足不了人们的需求了，移动电商的发展正呈现出一种新的趋势——整合趋势，2012 年兴起的 SOLOMO 商业模式，即 Social（社交的）、Local（本地的）、Mobile（移动的），社交本地移动，就是对这种整合趋势的最好证明。移动互联网的整合趋势涉及方方面面，本书主要从信息、平台、渠道等方面来加以说明。

9.1.1 信息整合

信息整合是指在一定组织领导下，实现对信息资源的共享和调化，以达到信息资源优化配置和充分挖掘信息价值效果的一种管理过程。其前提是要在信息化发展趋势之下。信息整合，可以使各种分散的资源都被规整起来，并能得到有效的利用。

信息整合的方式主要有以下三种。

数据整合

数据整合就是将分散数据集中到一个云端，在访问时可做到统一访问，其作用在于能将有价值的数据传递给分析系统或其他应用系统，进行信息的进一步加工。数据整合的目的是将不同数据库集成起来，提供一种单一的数据虚拟库，保持应用软件数据的相互一致并与企业实际情况相符

内容整合

内容整合是指对非结构化的信息进行整合的过程。非结构化的信息包括电子表格、图像、图表、文本文件、音频文件和视频文件等。这类信息一般占移动电商企业的80%。在进行信息整合时，企业可以通过建立内容管理平台的方式来实现对非结构化信息的管理

过程整合

在数据整合和内容整合的基础上，移动电商企业可以寻求业务过程上的整合。过程整合可以将企业规则和过程转移到企业应用软件以外，变成一种外在的规则和过程引擎。过程整合可以提高过程执行整体效率，优化过程

9.1.2 平台整合

目前在移动电商领域存在着大量的商家，同时众多的电商平台给广大的消费者也提供了众多的选择，但并不是每个移动电商都能很好地掌握市场规律，生存下来。在这样的条件下，出现了各种移动电商平台的整合，并逐渐形成了以 BAT（百度、阿里巴巴、腾讯）三家独大，苏宁商城、微店、微信公众大号、美丽说、唯品会等快速发展的格局。

案例解析

近年来，在“互联网＋”的背景下，医药电商市场发展迅猛。2016年6月京东宣布将正式推出“京东医药B2B分销平台”，京东将联手行业合作伙伴，打造一站式全品类医疗医药服务平台。据了解，京东医药B2B分销平台，目前上线的主要有化学制剂药、心脑血管用药、中成药等主要品类，未来还将上线器械、保健品等类目。

京东通过对平台的整合，打破了药企和药批、药店、诊所和民营医院之间的界限，减少了中间环节，在一定程度上降低了药物价格。

9.1.3 渠道整合

渠道整合指的是通过对渠道资源的整合，以达到为各个渠道成员提供高价值，获取高渠道利润效果的一种整合方式。其策略主要包括多元的营销渠道模式整合、构建合作伙伴型营销渠道关系、建立高效的物流配送体系和构建基于客户关系管理的渠道管理信息系统。渠道整合分类主要有下面两种方式。

1. 营销渠道间整合

营销渠道间整合指的是营销渠道的选择过程。各大移动电商平台要做的就是充分分析顾客购买准则，并对产品进行渠道的适应性分析和经济性分析，以达到细分市场并满足顾客需求的效果。

2. 营销渠道内整合

营销渠道内整合和消费者的购买决策过程相对应，移动电商可以以销售任务为基础，例如，维系老客户、寻找潜在客户、顾客确认、销售等任务，将各销售任务分配给在较低成本下能较好地完成该任务的销售渠道。这样不但可以大幅度降低销售成本，而且能更有效地满足顾客需求。

9.1.4 强强联合

随着80后、90后等新兴消费群体的崛起，消费者在用户需求、购买行为、沟通方式等方面都发生了巨大的变化，并呈现出碎片化、社交化和个性化的特点，各大移动电商都渴望在年轻的消费群体中树立品牌形象，并有效触达目标消费群体。那么，强强联合似乎是一个不错的选择。

在这种时代要求下，2015年10月17日京东集团与腾讯集团共同宣布推出了全新的战略合作项目——京腾计划，打造名为“品商”的创新模式生意平台。这个平台可以为品牌商家提供包括精准画像、多维场景和品质体验等在内的完整营销解决方案。腾讯拥有庞大的社交行为数据、丰富的社交平台场景，京东则记录有庞大的购物行为数据，并拥有广阔的电商销售平台，再加上京东“正品低价、品质保障”的品牌内涵和“用户至上”的核心理念，以及腾讯强大的社交产品和京东高品质的购物体验，这样的强强联合，相信会给广大消费者带来更好的消费体验。

9.2 移动互联网时代的整合案例

移动互联网时代的整合案例可以说不胜枚举，涵盖了衣食住行用等与人密切相关的领域。本节下面要讲的案例主要涉及打车、旅游、找工作、订餐等方面。

9.2.1 滴滴和快的的合并

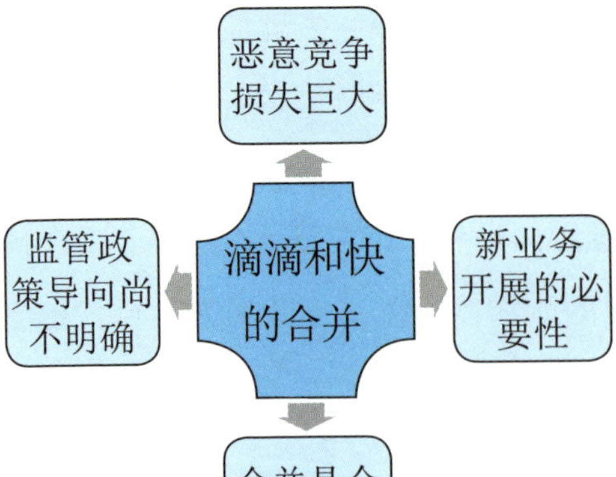

2015 年年初，历经了一年多的对战，支付高额补贴的网络打车市场双巨头——滴滴、快的在情人节 2 月 14 日宣布“在一起”，一时间震惊了整个业界。

翻看两家公司的成长历程，我们会发现：两家公司都于 2012 年成立，并很快获得了投资。所不同的是，滴滴隶属于腾讯阵营，所以其支付方式是微信支付，而快的打车属于阿里阵营，所以其支付方式是支付宝支付。滴滴和快的的合并主要考虑了以下四个方面。

1. 恶意竞争损失巨大

滴滴与快的之争，实质上是微信和支付宝的移动支付之争，随之而来的是腾讯和阿里的烧钱补贴大战。据统计，仅 2014 年上半年，滴滴、快的发动的烧钱大战补贴就有 24 亿元之多。两家公司持续大量的烧钱补贴在事实上已经形成了恶意竞争，长此以往，会对双方各自投资方造成巨大损失。

2. 新业务开展的必要性

滴滴和快的合并后，可以减少对时间和机会成本的浪费，从而有利于新公司新业务的开展工作。

3. 合并是众望所归

长期的烧钱大战已经让双方公司都陷入了疲劳状态，长此以往，双方公司都会垮掉，此外，用户也希望有一个整合平台。因此，合并是众望所归。

4. 监管政策导向尚不明确

滴滴、快的还有一个共同的问题需要面对，那就是还未出台的相关监管政策。出租车司机对网络专车的不满和抗议，一定程度上使得各地监管部门对网络专车公司采取了不同程度的限制。

基于以上原因，滴滴、快的决定“抱团取暖”。双方可以通过合作，实现更宏伟的目标：做超级打车平台，努力做打车平台里的“BAT”并由此实现利益的最大化。

9.2.2 携程和艺龙的合并

2015 年 5 月 22 日前我国存在三大主要的旅游产品出行网站：携程网、艺龙网和去哪儿网。2015 年 5 月 22 日这一天，携程宣布收购艺龙，成为其最大股东。原来的三足鼎立到两强争霸，这值得我们去思考。

1. 去哪儿网威胁携程?

有分析指出，携程选择和艺龙联姻，是由于去哪儿网威胁到了携程网的底线——酒店。去哪儿网发展迅速，短短几年时间已经在机票和无线领域赶超携程，这让携程很是忧虑，担忧失去在线旅游业龙头老大的位置。在 2015 年，去哪儿网掀起酒店五折活动，其酒店市场份额不断扩大，致使携程和艺龙都很被动。若要参与，则损失利润；不参与，则失去市场。在这样的背景下，携程选择投资艺龙。

2. 携艺联合是个错误决定?

细看之下，携程与艺龙抱团是对来势汹汹的去哪儿网的“惧怕”。携程与艺龙都主打旅游产品和酒店业务，双方互补性不强，可能会产生 1+1 < 2 的结果，携程收购艺龙可能是一个错误的决定。投资人不会买账。

携程收购艺龙，还可能会导致垄断的发生，不利于整个行业的健康发展。当前酒店和传统旅游企业已经形成了一种共识：绝不能只在一家在线旅游网站上发布信息。携程、艺龙联手之后就独占了在线酒店预订市场的 2/3，从这个角度来讲，酒店自然是不能接受的，同时也不利于整个行业的发展。

9.2.3 赶集网和 58 同城的合并

赶集网和 58 同城同为分类信息网，目前在中国分类信息一直未形成很好的发展模式，因此不论是赶集网还是 58 同城，都要靠资本支持来发展和营销。在以往的竞争中，双方在营销上所花费的费用上涨幅度都很大。在这样的背景下，58 同城决定牵手赶集网。

赶集网和 58 同城合并，可以达到以下几种效果。

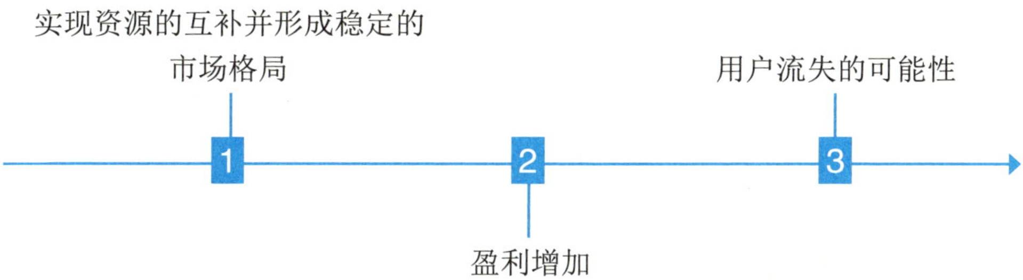

1. 实现资源的互补并形成稳定的市场格局

赶集网和 58 同城在分类信息市场上占据着绝对的优势，虽然二者在招聘、房产等领域有重合，但是经过合并之后，其各自高品质资源会得到进一步的优化，强强联合，竞争力得到提升，随之市场格局形成。

2. 盈利增加

目前国内分类信息网站只剩三家：58 同城、赶集网和百姓。它们在之前的竞争中可能出现过恶意竞争的行为，致使整个收益受到影响。赶集网和 58 同城合并可以有效降低成本，而降低的成本又可以拿去做资源的开发，所以，合并可以减少恶意竞争的出现并能增加盈利。

3. 用户流失的可能性

姚劲波曾说过这样的话：“我们不会收购一个没有意义的公司。赶集网的用户是我们的子集，商户也是我们的子集，产品也是 COPY 我们的。”赶集网和 58 同城合并后，用户会面临二选一的问题。有一个这样的例子，优酷和土豆合并之后，由于其内容品牌相似度很高，使得大量用户弃土豆，选优酷，造成土豆用户流失，另外部分用户则流向其他视频网站。同样地，会不会有大量用户弃赶集网，而流向其他网站呢？这是值得思考的。

9.2.4 美团网和大众点评的合并

听过这样的一句话“在资本的寒冬下，唯有抱团才是正确的取暖方式”。滴滴和快的、携程和艺龙以及赶集网和 58 同城都“抱团”了，那作为团购类网站的美团网和大众点评为什么不能呢？

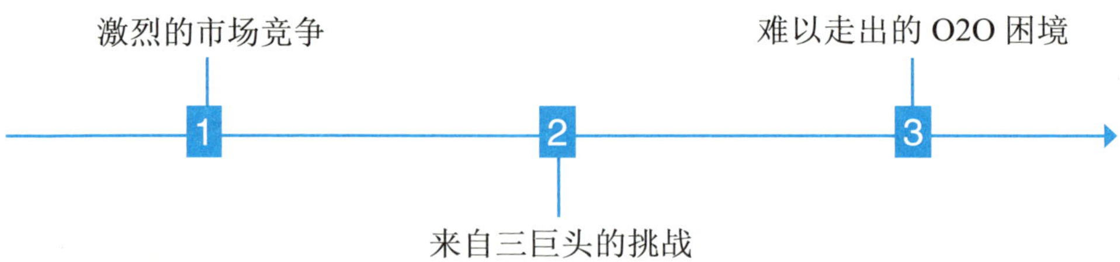

1. 激烈的市场竞争

激烈的市场竞争，似乎是美团网和大众点评进行合并的原因之一。2015 年 6 月，百度董事长兼 CEO 李彦宏曾表示要对百度糯米业务追加投资 200 亿元，面对这一巨额投资，身单力薄的大众点评不可能“一口吃个胖子”，与之抗衡，必然要与其他同行合并，而美团网似乎成了其的最佳选择。

2. 来自三巨头的挑战

在中国，只要是互联网可以触及的领域，必有三巨头——百度、阿里和腾讯。腾讯于 2014 年与大众点评达成战略合作协议，阿里巴巴则于 2011 年作为美团的投资方投资了 3 亿元，阿里、腾讯均作为“新美大”的股东，来对抗百度旗下的糯米。

3. 难以走出的 O2O 困境

美团网在未合并前就陷入了资金链几乎要断掉的危险境地，对美团网 CEO 王兴来说，他绝不会让 O2O 这个机会毁在自己手里。另一方面，从大众点评的角度来看，这个起家于上海，拥有 12 年经验的互联网公司，其保守的商业模式，一直为人所诟病，找一家公司合并，寻求突破，是大众点评寻求发展的内在要求。同时还应看到，有着多重复杂属性的 O2O 行业，合并似乎并不能解决当前困境。

9.3 巨头合并带给创业者的启示

移动电商巨头纷纷选择合并，一方面是符合当下优化资源整合趋势的要求，另一方面则能更好地带动整个行业朝着更加光明的道路前进。那么，创业者应从这些巨头合并的案例中发现对自己创业有帮助的点，获得启发，少走一些弯路。

9.3.1 整合一切可供利用的资源

整合资源的目的是优化资源配置，通过一系列的组织和协调，来获得竞争优势，并占领市场高地。前面我们重点讲解了移动互联网时代影响较大的四场并购案，这些案例对资源的整合，我们可以从以下几个方面来谈谈。

1. 对客户资源进行整合

在移动电商领域，如果有合并案发生，那么一定会涉及客户资源的整合问题。拿前面提到的滴滴和快的来讲，滴滴在未合并前属于腾讯，那时微信用户已超 5 亿人。而快的在合并前属于阿里巴巴，其优势不在于用户数量，而在于平台。合并后，双方都积累有一定的客户资源，且都有一定的用户忠诚度，双方可以通过共享的方式把客户资源上传到一个类似云端的地方，实现对客户资源的整合。

2. 优势互补，实现共赢

2016 年年初，天猫手机总经理潘志勇在接受采访时透露，要与中国移动达成深度合作，与运营商在终端、管道和云三个方面进行合作。在他看来，终端一般就指手机厂商和销售平台，管道是指运营商，云就是终端管道云。

众所周知，阿里所涉及的业务服务涵盖方方面面，它有自己的终端，淘宝和天猫，有自己的管道——阿里通讯，同时还有自己的云端。运营商则拥有大量的手机用户。双方可以在产销方面进行合作。目前合约机手机市场的利润很高，双方若要展开这一方面的合作，一方面便利了消费者（消费者可线上下单线下提货），另一方面对运营商和天猫来讲也能获得最大收益。

9.3.2 快速抢占市场的生存之道

所有的企业在成立之初都有一个目标：占领市场的一席之地且不被市场淘汰。那移动电商要如何快速抢占市场并获得消费者的信赖呢?

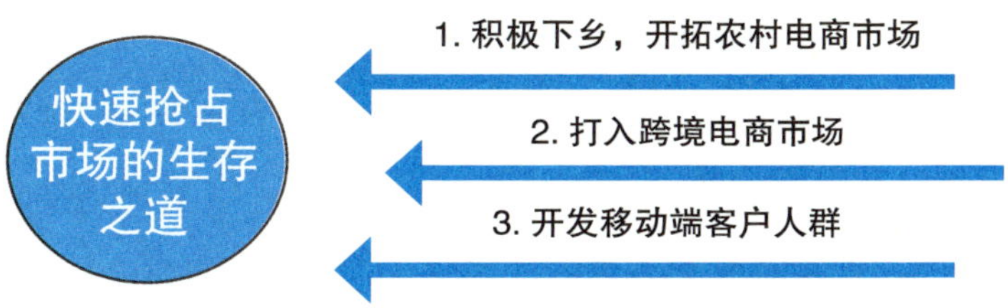

1. 积极下乡，开拓农村电商市场

根据第三方数据显示，一、二线城市互联网用户的增长速度已远远落后于三到六线区域互联网用户的增长速度，而且这个差距还在进一步扩大。可以说，谁占领了农村这块高地，谁就拥有了市场主动权。

对于农村电商的开发，既可以是优质农产品进军城市，也可以是商品下乡。在宣传方式上，可以先从墙体广告做起。农村不像城市有密集的人口可以集中宣传，墙体广告作为一种较为直观的宣传方式，很适用于农村。还可以学习淘宝，在全国各地建立乡村服务点，推广“淘宝村“模式。

2. 打入跨境电商市场

加拿大传播学家麦克卢汉曾最先提出“地球村”的概念。随着支付方式、跨境物流的发展，地球真地成为了一个村落。这对于发展跨境电商来说是一个很好的机遇。

中国跨境电商在 2014 年开始起步，阿里、亚马逊中国、京东、苏宁等都加大了对跨境电商的投入。但要说明一点，不是所有的移动电商都能加入跨境电商。因为跨境必然会涉及支付、担保和保险等方面的问题，实力不足的小电商，怕是很难处理这种金融方面的问题。

3. 开发移动端客户人群

当前移动互联网发展迅速，仅凭一个智能手机我们就可以轻松实现购物、吃饭、旅游、订票等生活服务需求。据统计，全球移动电话已超过 10 亿部，而且这个数字还在不断增加。只要有手机的地方，就有手机 App，从这个角度来看，移动电商在移动端方面的发展空间巨大。

2014 年天猫购物节，阿里移动端用 75 秒的时间就创造了成交额破亿元的纪录，刷新了移动网购成交破亿元的最短世界纪录。同时还应看到，阿里移动端的用户数量并未与其营收贡献成正比，要解决的问题还有很多，比如，网络带宽、设备、移动支付等问题。

9.3.3 依托巨头，借势发展

在这个巨头林立的移动互联网时代，对创业者来说，在夹缝中求生存，借势发展，似乎是一个不得已而为之的办法。

1. 视自身情况介入巨头平台服务

自身行业地位的高低决定了介入巨头平台服务的选择，如果巨头在所属行业和领域中处于领先地位，特别是身处重点核心城市，那么创业者可能就要慎重介入巨头平台服务。因为销售数据对从事 O2O 行业的人来说，关系到盈利模型的设计，这就显得尤为重要了。

2. 或选择被巨头收购

当创业者成立的公司处于弱势时，让公司成为巨头的收购对象不失为一个明智的选择。这样既可以抓住更多的流量资源，也可以深入开展更多的合作，拥有更多的发展可能性。

3. 建立好盈利模型，确定介入标准

既然要建立盈利模型，那就需要有结构化的数据，即服务具体化，定价具体化，这是平台介入方要做的准备。滴滴和快的经历了暧昧、打斗，最终还是在一起了。所以，同行有时既是对手又是伙伴。

Part10

远景眺望

移动电商创业的未来

10.1 万众创新的倾向

李克强总理在 2014 年夏季达沃斯论坛开幕式上表示“只要大力破除对个体和企业创新的种种束缚，形成‘人人创新’‘万众创新’的新局面，中国发展就能再上新水平”。一时间，社会各界都展开了关于创新的各种尝试。作为移动电商的创业者，要根据时代需求进行适时的创新，这个创新无关大小，只关未来。

的确，移动互联网时代，人人都可以是创业者，人人都可以做创业者。例如，近两年兴起的移动互联网电商模式的新代表——微商。它是以微信公众平台基于微信公众号和朋友圈的功能，可实现商品的社交分享、熟人推荐和朋友圈展示。因为其门槛低、成本小、易操作等，人们只需要一部手机就可以进行交易，所以一时间我们身边多了很多微商创业者。这正符合了移动互联网时代消费者更愿意和具有人格化特质、可随时随地沟通的品牌互动的特点，也更容易产生销售行为。

移动互联网的高速发展，也让我们的思维发生了变化。基于位置的服务和线上线下交易等形式的出现和发展，都有赖于商业模式的创新。饿了么外卖平台用负价格手段一跃成为外卖行业的老大，优步提供的极佳用户体验使其在打车界独树一帜，它们在商业模式上的创新，让我们有理由相信，万众创新的力量强大到足以影响社会发展，影响人类社会的进步。

万众创新符合历史发展趋势，是社会发展到一定阶段的必然产物。创业者如果不能顺应历史发展趋势，则必然会为时代所淘汰。

10.2 碎片化的经营趋势

时间碎片化是移动互联网时代最显著的特征之一。“碎片化”，英文是Fragmentation，原意是完整的东西破成诸多零块，我们也可将其理解为一种“多元化”。碎片化的时代特征，让我们身边的诸多事物多多少少都打上了时代的烙印。例如，很多企业在经营方式上，也会呈现出碎片化的趋势。

首先，作为创业者，要有碎片化经营的理念。英国哲学家弗朗西斯・培根曾说过这样的话：“思想是行动的先导。”有了想法，才会想接下来该怎么做。时间碎片化、用户碎片化、消费者消费行为碎片化等，时时爆发的“碎片化”生存大战成为企业竞争常态。要对“碎片化”的模式进行适应，商业模式、权力组织结构、生产要素等都要重新组合排列，以达到资源的最优化配置。

90后已成为当今社会劳动力的主力，在他们身上有着不会为了工作而将就的特质，他们不在乎薪酬，只在乎自我，所以对现在的管理者来讲，如何最大限度地挖掘人才并让劳动者为自己所用，才是最重要的。要充分运用互联网思维，打破企业边界，多发掘一些成本更为低廉的兼职、“临时工”等劳动者。

比如，像传媒业、创新产业等知识密集型产业的相关工作，就可以通过聘用外部具有一定专业知识技能的人才来做，这样就可以用比之前更低的成本来创造更高的业绩，起到事半功倍的效果。

其次，有了理念做指导，就可以开始进一步行动了。在移动电商创业者创业的过程中，会出现各种问题和发生各种现象。比如，会发现客户的碎片化现象。以前你的客户可能比较单一，今天就会变得更加多元，那我们就要关注那些多元化的客户群体，并找到最有潜力的群体。以前人们的购物时间可能集中在周末和晚上，现在则更多地出现在移动网络上，所以对移动互联网的营销经营要重视起来。利用碎片化的时间，完成碎片化的交易，往往能获得丰厚的收益。

10.3 自渠道和自组织

1. 自渠道

一个正在创业的移动电商，如果可以有自己的销售渠道，那对于产品快速占领市场是有极大帮助的。

自渠道的建立有多种方式，下面简单予以介绍。

1. 分公司
2. 专卖店
3. 特许经营店
4. 直复营销

在这四种方式中，移动电商用得比较多的自渠道模式是建立分公司和直复营销。建立分公司这种模式是最普遍的，其自主性比较高且易于管理，但相对的其对企业的资金实力等要求也较高，且成本相对来说也较高。比如阿里巴巴作为全球最大的电子商务网站，其代理商有很多，在全球各地也都有自己的分公司，其市场占有量巨大。

直复营销是通过互联网等方式将商品直接送达终端消费者的一种自渠道模式。它可以用极少的投入来根据客户需求私人订制并进行产品跟踪服务，优势明显。这种模式与互联网关系最为密切，适合于家电、化妆品、药品等。举个最简单的例子，你想要一个私人订制的手机壳，这时你就可以通过淘宝进行搜索，然后就会有很多商家列有“来图定制”这个选项，个性化的需求催生出个性化产业。

2. 自组织

组织是指有序结构的形成过程或系统内的有序结构。在德国理论学家 H.Haken 看来，自组织就是在没有外部指令的情况下，系统按照某种规则，自动地形成有序结构的过程。自组织的管理方式相较于传统管理方式有一些其独有的特色。

自组织的四个特点

1. 有共享的愿景和目标
2. 没有明确分工，角色多重
3. 引爆点的出现
4. 自组织强调价值共创、利益共享和规则共制

1. 有共享的愿景和目标

在战略方面，自组织需要愿景指明其发展方向。在这个方向上，其战略是一种发展方向，而绝非明确目标。

2. 没有明确分工，角色多重

在自组织中，一个人不再只是固定到一个岗位上，每天做一样的工作，他就像盖楼的一块砖，哪里需要哪里搬。除此之外，一个人也有可能有多重的身份角色，因此就需要学习多种技能，有时要有组织才能，有时则需要一定的操作能力，当一个人全部拥有这些能力时，就可以成为组织的中心，做组织的调动者。

3. 引爆点的出现

自组织是网状结构状态。在这种结构中，无论哪个变量或要素的改变都有可能带来意想不到的创新。所以，我们要努力找到自组织的引爆点，通过不断尝试，不断寻找引爆点，把引爆点变成创新点。例如，腾讯的引爆点是微信，微信改变了人们使用手机的方式。

4. 自组织强调价值共创、利益共享和规则共制

在自组织中，每个人都有机会成为创造价值的中心。整个自组织就是一个利益的共同体，每个人都可以共享组织内的信息资源和其他利益。在规则的制定上，更强调民主，强调员工的参与性。

10.4 自媒体打造强品牌

要说现在最火的是什么？网红？直播？还是互联网 + ？当我们想寻求朋友帮忙，而朋友却以某种理由拒绝我们时，感觉真的是友谊的小船说翻就翻。不论是网红、直播，还是流行语，都离不开一定的传播媒介，而这个媒介就现在来讲，主要是通过我们手机里的各种软件来完成的，一个手机就是一个自媒体，移动电商创业者需要好好利用自媒体这个媒介，来打造过硬的品牌。

抓住以下几个关键点，非常有必要。

第一，关于内容营销方面。要有一个好的标题，俗话说“题好一半文”。另外，要说“人话”，即应用一种更为接地气的口吻说话。最后，还要会讲故事。好的故事可以起到高于其本身价值的作用。

第二，关于用户忠诚度方面。如何提高用户忠诚度？留住用户可以有很多方法。近两年春节，“抢红包”一直很火，在“抢红包”的背后，我们应该看到的是移动电商想要抓住潜在用户，提高销售额的目的。另外，移动电商创业者可以借助微信小游戏来吸引用户的关注度，抓住其兴奋点，在获得巨大传播效果的同时，提高用户的忠诚度。

第三，关于用户诉求方面。其实人们更倾向于对与自己生活密切相关的事物给予关注。伴随着人们物质生活水平的提高，人们对生活质量的标准也提出了新要求，生活服务类的知识开始成为人们关注的热点。这类信息转发量和收藏量均很高。如此一来，可以以“润物细无声”的方式进行二次传播，起到宣传效果。

第四，关于事件营销。很多时候移动电商若能很好地结合社会热点事件进行营销传播，便可以迅速地让自己的品牌轻松“上位”，达到宣传效果。有些节假日是很值得一些品牌去结合的，比如，情人节、端午节，还有双十一等。这样的节日，目前已成为话题营销的一个主要发展层面。

10.5 部落电商的兴起

关于部落电商，我们可以先从 C2B 模式讲起。C2B（Consumer to Business）消费者订制会成为商业主流，消费者也会以部落的方式存在。换言之，消费者以一个有着共同兴趣、爱好和价值的整体出现的商业形态，就叫“部落电商”。

在这个部落电商里，有边界，有区别于其他组织的符号印记，当然还有一个领头大哥。边界的设定就是为了让有相同志趣的人能快速加入，并做出一定成绩。特殊符号的存在目的是区分，不至于混淆。举个简单的例子，在美国一到圣诞节，人们都会回家团圆，就像我们中国的春节一样。正是这种仪式感，各种独有的文化符号，才能让我们更容易理解其所代表的文化特质。

此外，领头大哥的作用一定要起好，因为下面的人会根据领头大哥的表现来决定自己的表现。这里举一个关于领头大哥的例子。

案例解析

陈彬彬在2013年6月开始尝试做微信电商，并取得了不错的成绩。在2014年3月1日，因其6天做了21个150人的微商群，被电商自媒体报道，引起了社会的关注。她给所创建的部落起名为“女王城堡”，并通过很多付出，比如互动交流、培训、激励创业等，成为意见领袖，即“女王”。随着时间的推移，女王城堡已成为一个利益和价值的共同体。

在部落电商崛起的时代，商业的残酷性表现为其在永远不停的分化。而分化背后的事实是小众，是适应人们独特的需求。这就给商业提出了新的要求那就是适应小众特质，满足小众需求。

案例解析

Roseonly是中国高端鲜花店，以皇家矜贵玫瑰定制“一生只送一人”的规则，落笔为证，无法更改。它的生意是卖花，但是把生意转化为生活和爱情文化。

从上述例子中我们可以看出，当人们可以聚集在一种生活、一种文化中时，往往就需要一种产品去满足其情感需求，而其中的关键就是掌握小众文化，充分满足客户的个性化需求，这样才能做到战无不胜。这也是Roseonly成功的重要原因。

10.6 获取精准流量

首先，我们要明确流量的含义，在这里，流量指的是在限定的时间内打开网页地址的人气访问量。流量分为泛流量和精准流量。泛流量是一种转化率很低的流量形式，一般打开网页地址的人多，但带有很强的盲目性，往往不会产生购买行为。相应地，精准流量是转化率较高的流量形式，打开网页地址的人少一些，但一般都会下单购买。对移动电商来说，要把握住精准流量，提升点击率，提高销售成绩。

获取精准流量的方法有很多，下面谈谈获取精准流量的方法。

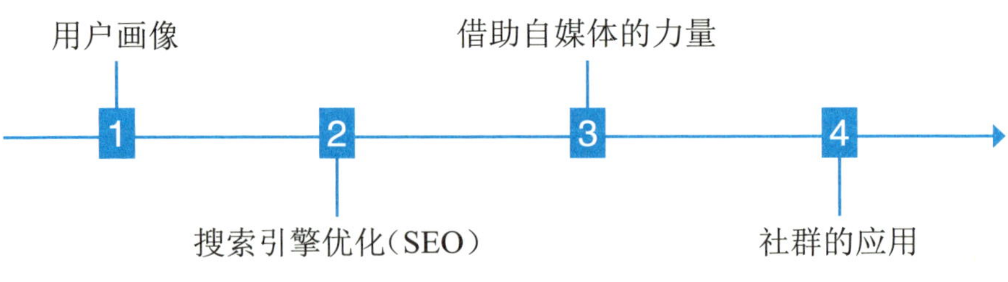

1. 用户画像

获取精准流量的第一步是一定要有好的产品。下一步我们则可以给自己的用户群进行具体的画像，这样就获得了精准的用户群。在广告推广上，要尽量用高质量的软文，吸引用户的注意。

2. 搜索引擎优化（SEO）

我们可以对网站内外进行调整优化，为的是能获取更多的流量。在获取更多流量的同时，借助数据分析技术，找到那些精准流量，进行下一步的营销。

3. 借助自媒体的力量

时下，自媒体发展迅速。对移动电商创业者来说，前期可以在微博、微信、空间等自媒体平台进行产品推广，然后分析浏览推广信息的人群特点，从而获得精准流量。

4. 社群的应用

利用微信群、QQ 群等来做产品的推广，可以快速获得精准流量。在一个群里面，一般有群主、专家和活跃分子三种人。我们要充分发挥专家和活跃分子的作用，一开始就在群里推广免费的分享课程之类并附上二维码，这样有需要的人自然会主动购买，精准流量就获得了。

10.7 娱乐化的消费互动

时至今日，双“十一”已经成了网民购物狂欢的大节日。人们关注的焦点已经从什么东西最便宜转移到了找乐子。娱乐化的消费互动形式已经产生。

天猫说“真心便宜，不然是狗”；京东回应“拒绝假货，不玩猫腻”。究竟谁能战胜呢？在 2015 年双十一到来之前，京东和天猫掐架，成为了大家的槽点，在购物的同时，为人们带来了欢乐。

天猫（淘宝商城）做的第一个网购促销活动是在 2009 年 11 月 11 日。经过几年发展，“双十一”现在已经演变成了全民的购物狂欢节，这说明人们的消费方式已经发生改变，新的消费文化已经形成并影响着人们的生活。

在“一切产业都是娱乐业”的时代背景下，移动电商创业者就要从娱乐化这一角度出发，重新定义其发展方式。其要与用户建立感情联系，并最终转化成商业利润。下面以立白集团的娱乐化消费互动为案例来说明。

案例解析

立白集团正是因为深谙其中道理，所以在 2014 年将主题定为“大传播”。其整合媒体渠道和资源，全方位、近距离地与消费者进行互动和沟通，以此提升立白集团的形象，加快品牌升级。据了解，立白集团当时选择在优质电视栏目上冠名并将品牌植入热门电视剧等娱乐营销方式，以此为引爆点，争取最大化地实现与消费者的情感交流。

这里以《我是歌手第二季》为例。在线上，立白在苏宁易购网站上设立立白专区；在线下，立白集团以《我是歌手第二季》为 2014 年上半年的营销触点，举办“我是歌手”城市歌手争霸赛。这一系列的活动，贴近了立白和消费者的情感，同时也很好地引导了消费者的购买行为。

娱乐化的消费互动将是一种发展趋势，很值得移动电商创业者进行深入的思考。

10.8 潜力无限的社会化营销

社会化营销又被称为社会化媒体营销，是指通过即时营销、即时互动的方式来提高用户忠诚度、品牌影响力和产品销量的一种营销方式。进行社会化营销的平台主要是社会化媒体（微博、BBS、新闻、博客、视频等）。移动互联网时代，社会化营销以其独有的优势一直深受企业厚爱。

社会化营销一般从以下几个方面去做。

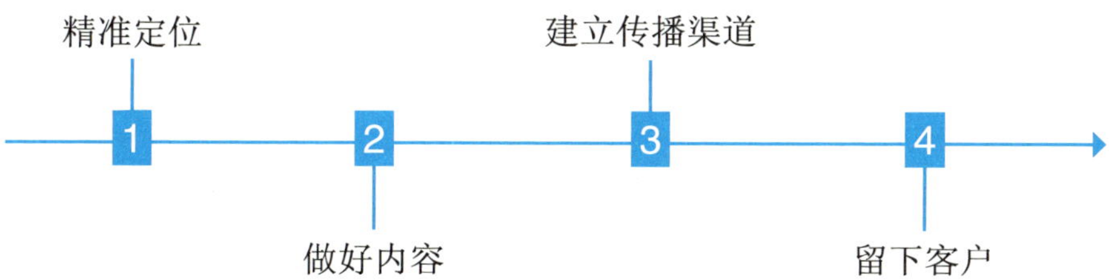

1. 精准定位

首先，在做营销前，企业要对自己的定位和目标群体有一个清晰的认识。目标群体的喜好、目标群体的特点，以及目标群体场分布的社交平台，都是企业需要提前了解的。只有很好地把握了目标群体的心理，以及目标群体的分布，再与自身产品相结合，才能使社会化营销产生很好的效果。

2. 做好内容

做好社会化营销就要有一个好的内容。做内容的人要眼观六路、耳听八方。我们可以用鲜明的观点引发读者共鸣，这样读者才有可能进行转发，从而实现二次传播。做好内容的具体操作方法主要有故事营销、公益营销、卖萌营销等。好的内容可以以图文并茂的海报形式展现，也可以是打动人心的视频形式，具体可以由企业根据自身情况定夺。比如，2014 年的冰桶挑战赛相信大家都记忆犹新。公益一直备受关注，当它以一种别出心裁的方式表达出来时，大家很容易就被吸引了，并迅速地传播了出去。

3. 建立传播渠道

行之有效的传播渠道的建立对一个营销人来说意义重大。最有效的一种渠道就是让某一领域的意见领袖发声，比如，选取明星、微信公众大号等有一定人气的大 V 来做代言人，可以迅速提高曝光率，达到宣传效果。

除此之外，还可借助专业传播渠道来做营销。通过一些具备专业分析技术的传播渠道，可以对各种平台背后的人进行行为数据分析，并将分析结论精准地运用于传播。

4. 留下客户

把客户留下来，才是营销的最终目的。我们可以通过大数据分析，了解流失的客户群体、时间、原因等，再利用这些数据进一步指导我们进行产品研发和营销互动，最后解决问题。移动电商创业者可以借助一些免费的微营销平台，如微大师等，获得用户的肯定，留下客户。

除了以上讲解的四个方面外，还有极其重要的一点，那就是坚持。

10.9 移动电商的理性认识

移动电商是在特定的历史背景、应时代要求而产生的一种商业形式。它是对传统电子商务的有益补充。其本质是电商的移动化，是电商 PC 端和移动端进行整合的发展形式，而并非去 PC 化。

提到移动电子商务，我们首先想到的可能并不是它概念性的定义，而是展现于生活中的一幅幅生动场景，如各种手机上的 App。当我们出去吃饭，没带钱包时，点开支付宝或任一支付平台，就可进行支付；当我们想要吃饭却又不想下楼时，各种外卖软件可供我们进行选择。这是移动电商的 O2O。还有如 C2B、B2B 等不同的形式。这就是移动电商。移动互联网时代，我们处处都在享受着移动电商带给我们的极大生活便利。

与移动电商相对立的是传统电商，它们最大的不同是移动电商是一个时间性很强的产品，讲究体验消费。比如，在情人节用手机给女朋友买玫瑰花，这时我们所获得的价值不仅包括了产品，还包括一种心灵上的极致体验。

移动互联网在短短几年时间里，就以迅雷不及掩耳之势覆盖了全国，迫使那些传统电商如淘宝、京东等从 PC 端转战移动端。而作为移动端的电商来讲，要想发展就不能单纯地只满足于做移动端的电商，而要想方设法地向 PC 端靠拢。这样一方面可获得用户信任，为用户提供更好的服务；另一方面，还可以增加平台流量。

纵观历史，我们会发现“科技是第一生产力”这句话的正确性。从第一次科技革命蒸汽机的发明，到第二次科技革命电力的广泛应用，再到现在移动电商的迅速发展，无不闪现着科技之光。所以，移动电商的未来也必定离不开科技。移动电商创业者要好好利用科技，用科技武装企业，充分运用大数据来分析客户喜好，并有针对性地开发用户，给用户带去更高效的体验。科技有着改变未来的力量，用科技改变移动电商，有利于实现长足发展。